ro
ro
ro

Viele Eltern meinen, sie könnten sich nach der äußerst nervenaufreibenden Phase der Pubertät *(Buchtipp: Der Pubertist – Überlebenshandbuch für Eltern, rororo 62011)* entspannt zurücklehnen. Weit gefehlt! Aus dem Pubertisten geht nicht etwa ein Erwachsener hervor. Nein, jetzt folgt die Schwellenphase der Postpubertät. Weiterhin tut der Zögling unvernünftige, ja haarsträubende Dinge, doch möchte er nun keinesfalls darauf angesprochen, geschweige denn mit Taschengeldentzug bestraft werden. Auch Drohen wäre bei einer Postpubertistenkörpergröße von ca. 1,90 Meter irgendwie lächerlich. Also gibt man täglich aufs Neue klein bei. Erfolgsautor Helmut Schümann zeigt, wie aus dem vergesslichen, unordentlichen Pubertisten quasi über Nacht ein Mensch geworden ist, der das, was er bei den Eltern gelernt hat – und wider Erwarten ist das eine ganze Menge –, gnadenlos gegen diese einzusetzen pflegt. Zudem hat der Postpubertist andere Ansprüche als der Pubertist. Selbständigere. Die haben aber den Nachteil, dass sie teuer sind. Erst kommt die Vespa, dann kommt der Führerschein, die zweite Liebe, die dritte, die ersten Ferien mit Freunden. Und irgendwann zieht der Postpubertist von zu Hause aus, und für die Eltern beginnt eine neue Zeitrechnung: Sie müssen ihr Leben neu erfinden …

Helmut Schümann, geboren 1956 in Düsseldorf, ist Journalist. Er war Redakteur bei der «Süddeutschen Zeitung», beim «Spiegel» und bei der «Berliner Zeitung». Seit 1999 arbeitet er als Reporter für den «Tagesspiegel» in Berlin, wo er auch mit seiner Familie lebt.

Helmut Schümann

DER POSTPUBERTIST
Das ultimative Überlebenshandbuch für Eltern

Mit Zeichnungen von
Julius Wolf

Rowohlt Taschenbuch Verlag

Veröffentlicht im Rowohlt Taschenbuch Verlag,
Reinbek bei Hamburg, März 2010
Copyright © 2008 by Rowohlt · Berlin Verlag GmbH, Berlin
Umschlaggestaltung ZERO Werbeagentur, München,
nach einem Entwurf von any.way, Hamburg
(Illustration: Julius Wolf)
Satz aus der Swift, InDesign, PostScript bei
CPI – Clausen & Bosse, Leck
Druck und Bindung Druckerei C. H. Beck, Nördlingen
Printed in Germany
ISBN 978 3 499 62417 9

INHALT

VORWORT

Es ist nicht vorbei. So schnell geht es doch nicht.
Auch wenn die Eltern sich das wünschen, wenn sie
hoffen und beten, dass aus dem Pubertisten endlich ein
Erwachsener wird. Wenigstens, dass er Vernunft annimmt. Nur ein bisschen. Einerseits. Andererseits:
Mitunter sinniert der Vater: Wenn so ein Pubertist Vernunft annimmt, dann ist er ja erwachsen. Und eigentlich war es doch auch ganz schön, ein Kind zu haben.
Die Mutter und der Vater hatten ja ein Kind miteinan-
der gewollt und keinen Erwachsenen. Und außerdem,
sinniert der Vater weiter: Wenn so ein Kind Pubertist
wird und später dann Erwachsener, ist es ja unstrittig
älter geworden. Der Vater logischerweise auch. Ein Kind
hat er haben wollen, und am Ende ist er älter geworden. Pilz, der alte Freund des Vaters und Vater von Lene,
sinniert auch so ein Zeug. Am Ende von diesem Sin-
nieren bestellt Pilz zwei Bier. Und der Vater sagt zum
Wirt: «Mir auch zwei Bier.»

Paul war sechzehn Jahre alt, als wir ihn verließen im
Buch «Der Pubertist». Sechzehn und ein bisschen.
Er hatte das «Erste Mal» erlebt. Mit Luise ging er dann

in die Welt hinaus. Dass dies nicht das Ende sein würde
– dem Vater und auch der Mutter war das klar.
Paul hatte nämlich so in etwa mit vierzehn Jahren das
Hirn ausgeschaltet. Da fing es an mit der schwierigen
Zeit, wenn aus den süßen Kleinen renitente Labbes werden, die nichts verstehen, nichts hören, nichts sehen,
zum Beispiel die Unordnung in ihrem Zimmer. Die
alles vergessen. Aufräumen, Schulaufgaben, Schlüssel,
Termine. Oder Anrufe, die für den Vater oder die Mutter eingehen. «Paul», hat der Vater am Abend, wenn
er von der Arbeit kam, gefragt, «Paul, hat jemand für
mich angerufen?» Paul hat dann gegrübelt, vielleicht
hat er auch nachgedacht, was der Vater allerdings stark
bezweifelt, weil ein Pubertist nicht viel denkt, zumindest nicht an das, woran er soll. «Ja, hat», hat Paul dann
geantwortet. «Und wer?», hat der Vater noch in aller
Ruhe nachgefragt. «Weiß nicht», hat Paul gesagt, «die
haben den Namen nicht gesagt.» Der Vater hat dann
stets aufgehorcht. «Ach, ein Sammelanruf?» «Nee, meh-
rere.» Aber die Namen, nein, die hat sich Paul nun wirklich nicht merken können. «Nee, ne», hat der Vater gesagt. «Doch, ja», hat die Mutter gesagt. «Mhngmanney»,
hat Paul gesagt, «bin ich dein Telefondienst?» Eltern
von Pubertisten wissen, wie solche Gespräche enden.
Das Ende zeigt einen tiefverzweifelten Vater oder auch
eine tiefverzweifelte Mutter, weil die Bitte, die tägliche
Bitte, die Telefonate aufzuschreiben, von Paul nicht
gehört worden ist. «Ihr habt darum gebeten? Kein Wort
habt ihr gesagt, im Leben nicht.»
Paul nannte diese Zeit später «die Zeit, in der die Eltern
anfingen, schwierig zu werden». Man nennt sie Puber-

tät. Früher nannte man sie auch Flegeljahre. Es sind schlimme Jahre. Für die Eltern. Nichts hilft dagegen. Der Vater hat mal geglaubt, die Erinnerung helfe. Die Erinnerung, dass er selbst auch nicht anders war. Und die Mutter auch nicht. Die Erinnerung erklärt. Das ja. Aber helfen?

Der Pubertist. Paul hat seinen ersten Rausch erlebt. Die erste Liebe. Hat einen ersten Ordnungssinn entwickelt. Der hoffentlich, im Interesse der Menschheit, nicht sein letzter sein wird. Er hat an Weihnachten kindliche, vor-pubertäre Gefühle entwickelt, war wortkarg, hat ge-gessen, dass man nur fressen sagen kann, hat so getan, als sei die erste Rasur nötig, ist zu früh in verbotene Filme gegangen, hat einen Modestil entwickelt, für den die Eltern vom Vater und der Mutter kein Verständnis aufgebracht hätten und der Vater und die Mutter auch kaum – Hosen, deren Bund in den Kniekehlen sitzt, also wirklich, Paul. Er hat aromatische Kräuter inhaliert, in der Schule weniger aufgepasst, er hat sich, alles in allem, abgenabelt. Zumindest damit angefangen.

Aber das hatte nicht recht geklappt. Wie auch mit sech-zehn und ein bisschen? Der Pubertist in Paul will noch keine Ruhe geben. Und dann wird aus dem Pubertisten der Postpubertist. Der hat andere Ansprüche. Selbstän-digere. Die haben aber den Nachteil, dass die Eltern die Selbständigkeit bezahlen müssen. Erst kommt das Mofa, es kommt der Führerschein, die zweite Liebe, die dritte, der Liebesschmerz, die eigenen Ferien, «nee, mhngman-ney, auf eueren Urlaub irgendwo in einem Landhaus, da habe ich nun wirklich keine Lust mehr», wird Paul bald sagen, der Schulabschluss soll kommen, der Schritt ins eigene Leben.

Und wer kümmert sich um uns? Um die Eltern? Der Postpubertist ist nicht leichter zu ertragen als der Pubertist. Die Postpubertistin, Lene, übrigens auch nicht. Wenn der Vater mal wieder sinniert, dann kommt es vor, dass er den Postpubertisten mit dem Pubertisten vergleicht. Wenn man es genau betrachtet, ist der Postpubertist sogar viel schwerer zu ertragen als der Pubertist. «Das ist aber dein Problem», sagt Paul, «euer Elternproblem.»

«Hä», sagt der Vater.

«Na klar, an mir liegt es nicht, wenn ihr euch aufregt.» Der Vater schaut auf. Der Vater schaut Paul verständnislos an, «du bräuchtest dich doch nur anders zu benehmen», sagt er.

«Ich benehme mich», sagt Paul, «wie ich mich benehme.»

«Genau», sagt der Vater.

«Schau, Papa», sagt Paul, «es geht euch nur nichts mehr an.»

Da ist was dran, denkt sich der Vater. Damals, als Paul noch Pubertist war, da konnte man versuchen, die Vernunft oder die eigenen Interessen mit Güte, Liebe, Nachsicht und Gebrüll durchzusetzen. Nicht, dass es etwas genutzt hätte, aber man konnte es versuchen. Dem Versuch wohnt die Hoffnung inne. Gibt es keinen Versuch, gibt es keine Hoffnung.

«Reg dich nicht auf, Papa», sagt Paul, «ich mach das schon.»

Das ist ja das Problem. Die Postpubertisten machen selbst.

Als Vater kann man nur zuschauen und als Mutter auch, auf welche Holzwege sich der Postpubertist begibt.

«Sag ich doch», sagt Paul, «das ist dein Problem, euer Elternproblem. Wie ich ja überhaupt der Meinung bin, dass die Postpubertät sehr leicht ist.»

«Ja, für dich», sagt der Vater.

«Schau, Papa, ihr wolltet ein Kind, ihr habt ein Kind, ein wohlgeratenes, wie ich beifügen darf, dann müsst ihr auch die Abnabelung ertragen.»

«Dem ist wohl so», sagt Pilz und bestellt beim Wirt zwei Bier.

«Mir auch zwei Bier», sagt der Vater.

OHRFEIGEN

Paul ist gerade siebzehn geworden. Ist Paul überhaupt noch Pubertist? Oder sind er, die Mutter und der Vater aus dem Gröbsten raus? Wie viel Vater braucht Paul noch? Fragen über Fragen, die Paul dahin gehend beantwortet, dass er eine Taschengelderhöhung braucht. Die Nabelschnur ist also noch nicht durchtrennt, der Vater ist fürs Erste beruhigt.

Kurz zuvor hat er einen Brief bekommen. Der Vater hatte immer über den Pubertisten in der Zeitung berichtet. Dem Leser K. hat das gar nicht gefallen. Pauls Benehmen, Pauls Reden, Leser K. empfahl in seinem Schreiben – und sprach dabei dem Vater aus der Seele – Ohrfeigen für Paul. Einmal links, einmal rechts, dann würden, so der Leser K., dem Paul die pubertistischen Flausen schon vergehen.

Was Leser K. nicht wissen konnte: Paul wächst in diesen Tagen auf die Einsneunzig zu. Der Vater ist wesentlich kleiner, insofern ist der Rat von Leser K. schwer umzusetzen. Oder nur mit einiger Vorbereitung. Etwa der Bitte an Paul, sich ein wenig zu bücken. Kommt Paul der Bitte nach, ist er ein braver Bub, der sich keine Ohrfeige verdient hat. Kommt er ihr nicht nach, muss der

Vater erst auf eine kleine Trittleiter steigen. Der Überraschungseffekt ist dann weg. Und das pädagogische Ziel auch.

Aber es ist eh zu spät, hat Leser K. gemeint, Paul habe sich schon längst für alle «zukünftigen Umweltkontakte, sei es in der Schule, im Beruf oder in der Gesellschaft» disqualifiziert. Genau, hat der Vater gedacht, genauso ist es. Paul hat kürzlich mal etwas geschrieben, sehr ernsthaft, das Geschriebene wurde veröffentlicht und Paul dafür von vielen Seiten sehr gelobt. Damit hat er sich schon mal für einen Beruf disqualifiziert. Paul hat auch ein Berufspraktikum machen müssen. Über die Umstände, wie er seinen Praktikumsplatz bekommen hatte, sei besser geschwiegen. Pubertisteneltern wissen, dass dieser Schritt in die Selbständigkeit nur mit ihrem persönlichen Einsatz möglich ist. Paul hat sein Praktikum am Ende beim Fernsehen absolviert, und man hat ihm gesagt, er könne gerne wiederkommen. Komplett disqualifiziert also.

Gesellschaftlich ist eh alles vorbei. Seit mit Luise nichts mehr läuft, kontaktet Paul mal hierhin, mal dahin. Da war mal was mit Babette, da hat Paul etwas mehr kontaktet, auch wenn der Vater gleich gesagt hat, mit dem Namen ginge eigentlich nichts. «Ha, ha», hat Paul gekontert, «war da nicht mal was in deinem Vorleben mit einer Frau, die Bilder aus Salzgebäck an der Wand hatte?» Ja, ja, hat der Vater gesagt, das ging auch nicht. «Männergespräche gehen auch nicht», hat die Mutter gesagt, «erst recht nicht, wenn die Sonne den Herren das Hirn aufgeweicht hat.» Das war im Sommer, und Paul hat protestiert: «Na hör mal, was würdest du sagen, wenn Papa kurze Hosen anhätte, Sandalen und Söckchen?» «Dann

wäre er nicht dein Vater», hat die Mutter geantwortet.
Der Bub ist dann mit Carla ausgegangen. Leser K. hatte
schon recht, gesellschaftlich hat Paul null Chancen.
In der Schule zeigt sich das besonders deutlich. Als
Ohrfeigen noch geholfen hätten, hieß der Griechisch-
unterricht zum Beispiel Griechisch. Jetzt heißt er «Kurs
G3-p1» -- wenn er hochkäme zu Paul, würde der Vater
Paul eine links und eine rechts …, allein schon für diesen Namen.
Auch ist Pauls musische Ader verdorrt. Pauls Kumpels,
allesamt gesellschaftlich disqualifizierte Mitpubertisten,
haben ihm zum Geburtstag für sein Schlagzeug Trommel-
stöcke geschenkt und was sonst noch so typisch ist für
Musikanten, besonders, wenn sie aus der Karibik stam-
men. Paul findet alles, was Musikanten aus der Karibik
umwabert, ziemlich interessant, weswegen auch schon
mal ein Poster an der Wand hing, auf dem ein Männlein
abgebildet war, das unstrittig in einem Wald von Canna-
bispflanzen stand. Das Poster hängt heute nicht mehr,
dafür eins von Bob Marley, was ein musikalisches wie
gesellschaftliches Statement ist. Paul und Mitpubertisten
fangen nun an zu üben. Es hört sich ein wenig atonal an,
aber das war ja so ganz ohne Ohrfeigen auch nicht anders
zu erwarten.
Der Vater hat noch ein wenig nachgedacht über den
pädagogischen Ratschlag von Leser K. Offensichtlich hat
er dabei ein wenig unfreundlich dreingeschaut. «Was
guckst du so grimmig?», fragte Paul. «Hab ich was falsch
gemacht?»
«Nein, Paul, nein, wirklich nicht.»
Aber ist damit alles überstanden? Kommt der Pubertist

langsam zur Vernunft? Mitunter denkt der Vater, dass er das gar nicht so toll fände. Weil, wenn Paul jetzt vielleicht kein Pubertist mehr ist, entzieht er sich doch dem Vater? Das wäre schade. Einerseits.

Andererseits ist Paul jetzt in der Oberstufe. Das ist gut so, besonders für den Vater. In der Oberstufe von Pauls Schule wird nicht mehr zu Elternabenden geladen. Keine Elternabende, das ist eine erhebliche Steigerung der Lebensqualität. Als Paul noch Kind war, musste der Vater zu Elternabenden in den Kindergarten. Dort saß man auf viel zu kleinen Stühlen an viel zu niedrigen Tischen und musste Debatten anhören über Pauls neuen Bagger aus Plastik, über Gummibärchen voller Rinderwahn und über das Gewaltpotenzial von Julian, der ein Mädchen in den Sandkasten geschubst hatte. Und einmal hüpfte die Kindergärtnerin durch die Räume und pries singend ihren Gott, derweil Paul und ein Kumpel auf dem Klettergerüst standen und auf die Gottesanbeterin und den Teppich niederpieselten. Das gab dann einen Sonder-Elternabend. Später in der Schule erfuhr der Vater auf Elternabenden, was Pubertist Paul nicht erzählt hatte. Das machte Elternabende aber nicht erträglicher. Auch finden Elternabende aus einem unerfindlichen Grund immer mittwochs statt. Statt zu Hause Fußball zu gucken, sitzt der Vater in einer Schulklasse auf einem unbequemen Stuhl und darf darüber nachdenken, wer denn schon wieder den Hygiene-Behälter aus der Mädchentoilette geklaut hat. Solche Debatten ziehen sich hin. Bis alle Eltern begriffen haben, dass mit dem Hygiene-Behälter der Mülleimer gemeint ist, ist die zweite Halbzeit schon fast vorbei. Am anderen

Morgen sagt Paul dann, dass es ein tolles Fußballspiel gewesen sei, er aber vom Hygiene-Behälter auch nichts wisse.

Der letzte Elternabend. Sonst, wenn Abschied genommen wird von den Ritualen der Kindheit und Jugend, wird dem Vater immer ganz wehmütig ums Herz. Diesmal nicht. Aber etwas erfahren, was Paul nicht erzählt hatte, hat er auch diesmal. Dass nämlich die Schule eine Reise «Wider das Vergessen» nach Auschwitz anbietet. Am anderen Morgen hat der Vater Paul gefragt, ob er nicht mitfahren wolle. Aber da hat Paul den Vater nur mitleidig angesehen: «Weißt du, da habe ich mich doch längst angemeldet.» Paul macht jetzt viel in Eigenverantwortung.

Dann kam der Tag der öffentlichen Erklärung. «Papa», sagte Paul an diesem Tag, «wie lange willst du noch in deiner Zeitung über den Pubertisten berichten? Ich finde, es reicht jetzt langsam.»
«Du meinst, deine Zeit als Pubertist ist vorbei?»
«Ich denke schon», sagte Paul.
«Der Zustand deines Zimmers sagt etwas anderes», entgegnete der Vater.
«Schon, schon, nur – geht dich das noch was an?»
«Solange du die Füße unter …»
«Ha, ha», sagte Paul, «ich meine ja nicht, dass ich jetzt gleich ausziehe, kein Taschengeld mehr will, meine Wäsche selber wasche, mein Essen selber koche, ich meine ja nur, mhmmhm, so halt eben.»
«Du meinst, mein Erziehungsauftrag ist beendet?»
«Trefflich formuliert», sagte Paul.

«Gut, gut», erwiderte der Vater, «aber über die Balance zwischen Rechten und Pflichten müssten wir nochmal reden.»

«Aber nicht mehr von oben nach unten», sagte Paul.

«Dann ist also jetzt Schluss?», fragte der Vater, «keine Klagen mehr über die Ursuppe in deinem Zimmer, über vergessene Telefonate und gigantische Rechnungen, keine ‹Mhngmanneys› mehr, nichts mehr über die ersten Versuche, mit den Luises deines Lebens klarzukommen, keine Silbe mehr über deine Einsilbigkeit und die pubertistische Vergesslichkeit?»

«Genau», sagte Paul.

«Mhm», brummte der Vater.

«Traurig?», fragte Paul.

«Abnabelung ist ja gut und schön, aber auch melancholisch.»

«Das Leben geht ja weiter, ich bleibe Sohn, und du bleibst Vater.»

«Und was machen wir jetzt?», fragte der Vater.

«Gehen wir ein Bier trinken», sagte Paul.

«Gut, Partner», sagte der Vater, «du zahlst.»

«Mhngmanney», sagte Paul.

RÜCKFÄLLE

So, wie es für den Pubertisten Momente gab, in denen er sich nach den Legosteinen seiner Kindheit sehnte, so kommt es auch beim Postpubertisten zu jähen Rückschlägen. Neulich kam Paul in das Zimmer des Vaters. Er werde jetzt ein paar Dinge in seinem Leben ändern, sagte er.

«Gute Idee», antwortete der Vater, «fang doch bei deinem Zimmer an, das gehört aufgeräumt.»

Paul ging nicht weiter darauf ein, Paul ging es mehr um die grundsätzlichen Fragen des Lebens: Wer bin ich? Wo komme ich her? Wo gehe ich hin?

Das sind typische Pubertistenfragen, wie sie sich jeder stellt. Auch der große Konrad, Pauls Mitpubertist. Der Vater traf den großen Konrad Anfang der Woche zufällig auf der Straße und erkannte ihn kaum wieder. Konrad trägt jetzt die Haare, wie sie die Irokesen früher trugen. Dazu trägt er Löcher in den Hosen, wie sie Sid Vicious und Johnny Rotten von den Sex Pistols früher trugen.

Konrad ist jetzt Punk, hatte aber kaum Zeit für den Vater, weil er noch für Griechisch lernen musste, was Sid Vicious garantiert nie getan hat und bei den Irokesen bestimmt auch nicht alle. Punks sind auch nicht mehr das, was sie früher waren.

Paul will einen anderen Weg gehen. Paul sagt, dass er jetzt erst einmal damit anfängt, nicht mehr zum Friseur zu gehen. «Und wenn die Haare lang genug sind, mache ich mir Dreadlocks.» Dreadlocks, Haare also, wie sie Bob Marley und die Rastafaris trugen.

Der Vater summte: «I Don't Like Reggae», den alten Hit von 10 CC, «Oh No, I Love It», sang Paul weiter. «Oder hast du was dagegen?», fragte Paul noch.

Nö, dachte der Vater, dachte wohl auch an das Verfilzen der Haare, an damit verbundenen möglichen Bakterienbefall, war aber insgesamt der Meinung, dass Pauls Identitätssuche schlimmer hätte enden können. Es gibt ja die abscheulichsten Entwicklungsmöglichkeiten. Was, denkt der Vater, wäre wohl gewesen, wenn Paul plötzlich einen Samsonite-Koffer als Schultasche hätte haben mögen statt seiner ausgeleierten Umhängetasche? An noch schlimmere Irrungen, wie Glatzenschnitt und Glatzengesinnung, mag der Vater gar nicht erst denken. So aber, Glück gehabt, die Einflussmöglichkeiten des Vaters nehmen nämlich stark ab.

Vergangene Woche zum Beispiel war Paul im Kino. Alle drei Matrix-Filme schauten Paul und Mitpubertisten sich an. Das war lange geplant und auch bewilligt, aber am Vorabend beim Abendbrot war Paul wegen irgendeiner Nichtigkeit ziemlich patzig. Das ging so weit, dass der Vater sich reichlich aufplusterte und mit Verbot drohte: «Wenn du weiter durchdrehst, dann laufen die Matrix-Filme eben ohne dich.»

«Nein», sagte Paul, «das lasse ich mir nicht verbieten, die

Zeiten sind vorbei.» Zum Glück hatten der Vater und Paul ein Einsehen, es kam nicht zum Show-down, und als der Vater dann sagte, «solange du deine Füße unter meinen Tisch stellst», lachte Paul schon wieder und stellte seine Füße neben den Tisch. Und dann lachte auch der Vater. «Bin doch kein Kind mehr», sagte Paul.

Man weiß es nicht, dachte der Vater. Am Tag der Dreadlocks-Verkündigung kam Paul nämlich noch einmal in das Zimmer des Vaters: «Du, wenn du am Buchladen vorbeikommst, kannst du mir den neuen Harry Potter bestellen?» Zusammen mit dem großen Konrad würde er sich das Buch dann in der Nacht zum Sonntag abholen. Der Vater stutzte, Harry Potter mit Dreadlocks und Löchern in den Hosen – Identitätssuche ist wohl doch komplizierter.

Es wäre allerdings fatal, den heranreifenden Postpubertisten wegen solcher pubertistischen, ja, fast kindlichen Anwandlungen zu unterschätzen. Der Postpubertist zeichnet sich nämlich dadurch aus, dass er sich der Welt ebenbürtig wähnt, weit mehr noch als der Pubertist. Paul schlägt erbarmungslos zurück, wenn der Vater seine Rückfälle belächelt. Nahezu täglich kommt Paul dem Vater mit Sprüchen, die dem Vater bekannt vorkommen. Es sind seine Sprüche. Als Paul noch Pubertist war, gingen ihm diese Sprüche ins eine Ohr rein und kamen ungehört zum anderen Ohr wieder raus. Zumindest dachte der Vater das immer, weil Paul sie nie beherzigte. Nun, in der frühen postpubertistischen Phase, stellt sich heraus, dass Paul die Sätze wohl nie wahrgenommen, sie sich aber dennoch gut gemerkt hat. Zurzeit ist es so: Der Vater kommt nicht aus seinem

Zimmer raus, nur in Notfällen. Der Vater schreibt irgendwas, das dauert. «Sieht man dich auch noch mal», sagt Paul, wenn der Vater dann doch mal rausmuss. «Nimmst du auch noch am Familienleben teil?» Der Vater hatte sich stets mokiert, weil Paul nur noch hinter der verschlossenen Tür seines Zimmers abhängt. «Habe ich dir nicht immer gesagt», sagt Paul nun, «fang deine Arbeiten früher an, dann kommst du auch nicht in Zeitnot. Was du heute kannst besorgen, das verschiebe nicht auf morgen.»

«Klugscheißer», sagt der Vater, «altkluger Scheißer.» Das hilft aber auch nichts.

Im Zimmer des Vaters sieht es aus wie sonst nur in Pauls Zimmer. Eigentlich ist es eine richtige Ursuppe, die da durch den Raum wabert. Sie besteht aus Zeitungsstapeln, Bücherstapeln, Loseblattsammlungen, noch mehr Loseblattsammlungen, Unmengen Kassetten, irgendwo darunter müsste auch noch ein Aufnahmegerät liegen, im Zimmer des Vaters kommen zur Ursuppe, wie auch der Sohn sie hat, noch leere Kaffeetassen und überquellende Aschenbecher hinzu.

«Findest du noch was?», sagt Paul. «Aufräumen wäre vielleicht nicht schlecht.»

Im Zimmer stinkt es.

«Hier stinkt's», sagt Paul. Und: «Diesem Zimmer würde Sauerstoff guttun.»

«Mhngmanney», sagt der Vater.

«Super Vorbild», sagt Paul. Dem Pubertisten war zu eigen, dass er sich nie etwas merken konnte. Einkäufe, Erledigungen, Hausaufgaben, Paul vergaß alles. Damals hatte der Vater noch entschuldigend gedacht, diese Pubertistenvergesslichkeit habe etwas mit den Synapsen zu tun, mit anwachsenden Hirnlappen, habe biologische Gründe, auf jeden Fall welche, die Paul weitgehend schuldfrei sprachen. Inzwischen hat der Vater den Verdacht, dass Paul damals sehr bewusst vergessen hat. Er hat nämlich stets aufmerksam zugehört. Und was er da gehört hat, verwendet er heute kalt lächelnd zu seinen Gunsten.

Paul spielt jetzt auch Karten, Doppelkopf mit seinen ehemaligen Mitpubertisten in der Schule, wie der Vater früher mit seinen Kumpels gespielt hat. «In den Pausen», sagt Paul, «natürlich nur in den Pausen.» Dabei grinst er etwas hämisch. «Mit allen Finessen», sagt Paul, «mit Hyperfuchs, Charlie Müller und der Schwarzen Inge. Aber natürlich nur in den Pausen.»
Bislang hatte der Vater geglaubt, dass die Sonderrechte zweier Pik-Damen auf einer Hand, also die Rechte der Schwarzen Inge, eine willkürliche Erfindung seiner damaligen Doppelkopfrunde gewesen seien. Aber darum geht es nicht. Es geht um dieses Grinsen, diese Häme und die Betonung auf den Pausen. Es geht darum, dass kürzlich zwei Schulfreunde des Vaters zu Besuch waren. Und als die Rede auf Doppelkopf kam, erinnerten sie sich, wie sie der Karten wegen mal den Mathe-Leistungskurs geschwänzt hatten. Dann war der Mathe-Lehrer in den Aufenthaltsraum gekommen, war hinter den Vater und seine Freunde getreten und hatte nach kurzer Zeit abfällig über die Spielweise der vier geschnauzt. Paul hat zum Glück keinen Mathe-Leistungskurs, den

er schwänzen kann, hatte der Vater bei der Geschichte gedacht, aber auch: «Klasse Jungs, tolle Geschichte, super Vorbild.» Paul hatte interessiert zugehört.

Später war Paul mit Chemie-Aufgaben zum Vater gekommen. «Zeigen Sie nach Brønsted, dass Butansäure eine schwache Säure ist!» stand da.

Im Zimmer des Vaters roch es säuerlich, muffig, es stinkte.

«Ich weiß nicht, wo Brønsted liegt», brummte der Vater, «wahrscheinlich in Dänemark.»

«Oh, Mann», sagte Paul, «Brønsted, Johannes Nicolaus, Physiochemiker.»

«Kenn ich nicht», sagte der Vater, «ich kenne Bronstein, Leo, besser bekannt als Trotzki.»

«O Mann», sagte Paul noch einmal, «diesem Vater würde Sauerstoff guttun.»

Diese Schwellenphase, denkt der Vater, ist extrem anstrengend. Hat man sich gerade damit abgefunden, dass der Postpubertist wohl doch noch nicht Post- ist, sondern Vollpubertist, verblüfft er den Vater mit erstaunlicher Weit- und Umsicht, wenn es um seine Interessen geht. Dann ist der Vater ganz stolz auf sich und die Mutter, dass sie den Pubertisten offensichtlich überlebt haben. Das ist dann aber mit großer Wahrscheinlichkeit der Moment, in dem dieser sich noch einmal regt und aufbäumt. Es ist noch nicht vorbei, scheint er rufen zu wollen.

«Papa», rief Paul, «was für eine Postleitzahl hat die Wörthstraße in München?» Paul sollte Lene, der alten Kindergartenfreundin und heutigen Mitpostpubertistin, ein Buch schicken. «Was weiß denn ich?», antwortete der Vater.

«Und nun?», fragte Paul.

«Guck halt nach», sagte der Vater.

«Wo denn?», rief Paul.

Der Vater stöhnte leise. «Im Postleitzahlenbuch natürlich.»

«Wo denn?», rief Paul.

Der Vater stöhnte lauter. «Wo denn» ist Pubertistenalltag, «wo denn» kam immer, wenn Paul angeblich nicht mehr wusste, wo sich etwas während seines ganzen bisherigen Lebens befunden hatte.

«Schau», sagte der Vater, «hier in der Schublade liegt das Postleitzahlenbuch. Darin schlägt man München auf.» Der Vater schlug die Seiten für München auf. «Dann schaut man unter W, sucht und findet die Wörthstraße.» Der Vater suchte und fand die Wörthstraße. «Siehst du, und da steht dann 81667, ist eigentlich gar nicht so schwer. Ein bisschen mehr Selbständigkeit darf ich ja wohl von dir erwarten.»

«Stimmt, aber wozu, wenn man einen Trottel hat, der einem die Arbeit abnimmt.» Der Vater stöhnte sehr laut.

Kürzlich sagte eine Lehrerin von Paul, dass Pauls Klasse, also auch Paul, so furchtbar träge sei, irgendwie antriebsschwach. Daraufhin waren ein paar Mitpostpubertisten und Paul auf die Idee gekommen, in den Ferien zum Skifahren zu reisen. Und nun fahren sie, erstmals ohne erwachsene Aufsicht, sieben Postpubertisten aus Berlin – Lene und ein paar Freundinnen sollen aus München noch dazukommen. So eine Reise muss organisiert werden. (Erst einmal musste allerdings eine Berliner Mutter beruhigt werden, die sich sorgte, dass die

Postpubertisten Partys feiern könnten in den Bergen, und kurzfristig vergessen hatte, was sie selbst in dem Alter gefeiert hatte; übrigens ein interessantes gerontologisches Phänomen, diese Vergesslichkeit in die Jahre gekommener vormaliger Postpubertisten.)

Träge Postpubertisten? Sie suchten einen Skiort, sie fanden ihn; sie suchten eine Unterkunft, sie buchten, sie erwogen diverse Reisemöglichkeiten, sie entschieden sich für die Bahn, ei, das flutschte, wie niemals die Lateinvokabeln. Lediglich am Bahnschalter musste der Vater, weil Kreditkartenbesitzer, beispringen. Dass Schalterfrau eins den Zug auswendig als restlos ausgebucht bezeichnete, wohingegen Schalterfrau zwei die Reservierung der freien Plätze zügig entgegennahm, fällt auch unter Trägheit, aber nicht unter die von Pubertisten oder deren Nachfolgern. Auch gab es während der gesamten Organisation nicht ein «wo denn».

Der Kollege vom Vater, der exzellent Ski fährt, weiß Gott, das tut er, hat sich aus gegebenem Anlass an die eigene erste unbeaufsichtigte Skireise erinnert. Von Einkehrschwüngen und daraus resultierenden Abschwingschwierigkeiten sprach er, von mangelnder Ernährung und ungenügend durchlüfteten Behausungen, von schlaflosen Nächten und endlosen Partys. Aber das wollte der Vater alles nicht so genau wissen, man will ja nicht neidisch werden auf die jungen Menschen.

LOGIK

Noch spielt Paul Fußball. Aber ein Ende ist abzusehen.
Der Plan des Pubertisten, als Nationalspieler reich zu
werden, ist dem des Postpubertisten gewichen, lieber arm
und dafür möglichst oft verliebt zu sein. Paul schwänzt
jetzt öfter das Training. Oder er kommt mit dickem
großem Zeh vom Training heim. «Ist beim Grätschen passiert», sagt Paul.
«Ein eleganter Spieler grätscht nicht», sagt der Vater.
«Blödmann», sagt Paul und humpelt in sein Zimmer. Paul
humpelt zum Gotterbarmen. Wenn man Paul humpeln
sieht, muss man befürchten, dass eine Beinamputation
unausweichlich ist. Dieses Verhalten hat er von seiner
Mutter. Der ist kürzlich ein Ästlein ans Knie geflogen. Die
Mutter diagnostizierte Wasser im Knie, Rheuma und Arthritis.
Der Vater ist selbstverständlich frei von solchen Hypo-
chondrien, wie ja Männer ohnehin nie Zipperlein haben,
sondern nur ernsthafte Erkrankungen. Beim Vater zum
Beispiel ist es häufig Hodenkrebs, der tritt periodisch auf,
immer nachts, wenn die Blase drückt. Bei Bolzenstein
ist es ein Tumor. Bolzenstein, der alte Freund vom Vater,
hatte sich vor ein paar Tagen mal den Kopf gestoßen,

und es bildete sich am Hinterkopf ein kleiner Wulst, der kaum zu erkennen war. Nur wenn man genau hinschaute, sah man, dass da eine Beule entstand. «Quatsch, Beule», hatte Bolzenstein gesagt, «das ist ein Tumor, ein ausgewachsener und bösartiger.»

Aber zurück zu den Übertreibern, in diesem Fall zu Paul. Wegen seines dicken großen Zehs suchte der die Mediziner auf. Erst humpelt er zur Hausärztin, dann muss er zum Röntgen gefahren werden, schließlich zum Orthopäden. Der Befund ist eindeutig: Paul hat eine leichte Prellung im großen Zeh, Trainingsverbot und Fußballverbot, das gefällt Paul. «Dann gehe ich mit Carla aus», sagt Paul.

«Ich denke, du kannst nicht gehen», sagt der Vater, «ist wohl doch nicht so schlimm.»

«Blödmann», sagt Paul, «hinter der Prellung hat der Arzt einen alten Bruch entdeckt.» Woher der kommt, ist allerdings unklar, niemand in der Familie kann sich erinnern, dass Paul jemals über Schmerzen im Zeh geklagt hätte. Was mit dem alten Bruch passiert, ist ebenfalls noch unklar. Wird der Zeh geschient? Wird er in Gips gelegt, damit er Paul wenigstens nachträglich noch ordentlich behindert?

«Kann ich mit einem geschienten und in Gips gelegten Zeh in die Schule? Doch wohl eher nicht», sagt Paul.

«Und wer zahlt das alles?», fragt der Vater.

Gestern wurde die Gesundheitsreform verabschiedet, wahrscheinlich zahlt der Vater alles. Die Krankenkasse hat ja kein Geld, obwohl der Vater noch nie wegen seinem Hodenkrebs vorstellig geworden ist. Und Bolzenstein noch nicht wegen seinem Tumor.

34

«Was ist eigentlich mit alten Brüchen?», fragt Paul. «Wenn ich mir den Zeh schon vor der Gesundheitsreform gebrochen habe, wird der dann wie vor der Gesundheitsreform behandelt oder wie nach der Gesundheitsreform?»

«Gebrochene Zehen werden gar nicht behandelt, glaube ich», sagt der Vater, «erst recht keine eingebildeten gebrochenen Zehen.»

«Selber eingebildet», sagt Paul, «ich habe Wasser im Zeh, Rheuma, Arthritis.» Dann humpelt er von dannen. Vom Vater hat er das nicht.

Dem Vater war schon vor einer Weile aufgefallen, dass es mit Pauls Begeisterung für den eigenen Fußball nicht mehr weit her ist. Eine der schönen Errungenschaften der beginnenden postpubertistischen Zeit ist der in Ansätzen sich ausbildende Realitätssinn. Und der wies Paul eindeutig darauf hin, dass er für diese Karriere nicht mit genug Ehrgeiz oder Talent ausgestattet ist. Paul spricht von Ehrgeiz, nicht von Talent, so ausgeprägt ist der Realitätssinn in dieser Schwellenphase dann doch nicht. Aber noch hat Paul es nicht ganz aufgegeben. Vergangenen Sonntag, vor dem Schreibtisch des Vaters (darauf, immer noch, überquellende Aschenbecher, leere Kaffeetassen, Papiere, Papiere, Papiere). «Papa, ich muss zum Fußball, kannst du mich fahren?»

Der Vater schaute auf, Wirrnis im Blick. «Keine Zeit, Paul», stammelte er. «Keine Zeit. Die Welt ist leer, ich bin nicht lebend mehr.»

«O Mann», sagte Paul, «ich sagte es schon, diesem Zimmer, diesem Vater würde Sauerstoff guttun.»

Also fuhr der Vater.

«Zur Chamissostraße muss ich», sagte Paul.

Der Vater schaute in den Stadtplan. «In Spandau?»

«Ja, genau», sagte Paul.

In der Chamissostraße in Spandau ist weit und breit kein
Fußballplatz.

Der Vater schaute in den Stadtplan. «In Buchholz gibt es
auch noch eine Chamissostraße, am anderen Ende der
Stadt.»

«Ja, genau», sagte Paul, «wir spielen auch gegen den SV
Buchholz.»

Der Vater schaute auf, Wirrnis im Blick. «Die Welt ist leer,
ich bin nicht lebend mehr. Ist übrigens von Chamisso,
Adelbert von Chamisso.»

«Schön für Adelbert», sagte Paul, «wenn ich Adelbert
hieße, wäre ich auch nicht lebend mehr.»

Der Vater fuhr nach Buchholz. Quer durch die Stadt.

«Paul, schau in den Stadtplan, ich brauche deine Hilfe»,
sagte er. «Wenn ich im Auto lese, wird mir schlecht»,
sagte Paul.

«Soll ich Stadtplan lesen, schalten, lenken, rauchen, Chamisso zitieren? Und wer fährt dann?» Paul schaute in den
Stadtplan. Paul wurde schlecht.

Berlin ist groß. Der Vater fuhr. Paul stöhnte seine Anweisungen. An der Chamissostraße in Buchholz gibt es
einen Fußballplatz. Sogar einen Rasenplatz. Es gab nur
keine Mannschaft. Weder eine vom SV Buchholz noch
eine von Paul.

«Und nun?», fragte der Vater.

«Und nun weiß ich auch nicht», sagte Paul.

Der Vater und Paul machten sich auf den Heimweg.

Der Heimweg führte über den Prachtboulevard. Paul war schlecht. Am Prachtboulevard neben den Linden liegt ein Auktionshaus. Vor dem Auktionshaus kam der Vater im Ampel-Rückstau zum Stehen. Paul sprang aus dem Auto. Paul hockte sich unter die Linde vor dem Auktionshaus. Von innen schallte die Stimme des Auktionators auf den Prachtboulevard. Die Sonne kam raus. «Ich halte elfhundert Euro für dieses schöne Stück, an diesem schönen Tag für einen fairen Preis», sagte der Auktionator. Paul hockte unter der Linde. Es gibt Tage, dachte der Vater, die sind einfach zum Kotzen. Paul kam zurück und langsam auch die Farbe in sein Gesicht.

Daheim klärte sich, wo das Fußballspiel war. Es war kurzfristig verlegt worden, der Trainer hatte das angekündigt, Paul die Ankündigung aber nicht mitbekommen. Wahrscheinlich hatte er an Carla gedacht.

Paul grinste schon wieder. «War doch nicht schlecht so für dich, auf diese Weise bist du auch mal wieder rausgekommen und hast Sauerstoff gekriegt. War aber auch nötig.»

Pauls Verhältnis zum Fußball ist also im Wandel. Das zum Acker mit Ruine hat sich schon fertig gewandelt. Die Familie hatte sich vor einiger Zeit auf dem Land so einen Acker mit Ruine darauf zugelegt, daraus ist inzwischen eine Baracke mit Wiese geworden, es soll mal ein Haus mit Garten werden. Zu Beginn seiner Zeit als Pubertist hat Paul noch mitgeholfen, hat gesenst, gehackt, den Vorschlaghammer geschwungen. Das Engagement hat sich verflüchtigt, als er Vollpubertist geworden ist.

Dass eine neue Zeit angebrochen ist, merkt der Vater daran, dass Paul nun wieder großes Interesse am Landleben hat. «Wenn ihr in der Stadt bleibt, kann ich auf dem Land Party machen.»

An den notwendigen Maßnahmen für ein funktionierendes Landleben hingegen ist Paul nicht so interessiert. «Paul», sagte die Mutter vor ein paar Tagen, «wir müssen am Wochenende Holz hacken, kannst du helfen?»

Paul trat über die Schwelle zurück zum Pubertisten, Paul sagte: «Mhngmanney.»

Paul sah also der Hilfsaktion mit großer Vorfreude entgegen, dachte der Vater, anderenfalls hätte er ja «Nein!» gesagt.

Das Wochenende war gekommen, der Frühling war auch gekommen, herrlich war es an der Luft. Der Vater hackte Holz, die Mutter stapelte Holz. Paul schlief aus. Die Zeit verging, so ein Postpubertist braucht eine Menge Schlaf. «Einmal die Woche», sagt Paul meistens, wenn man ihn auf den vielen Schlaf anspricht, «kann man nicht einmal die Woche ausschlafen?» An diesem Wochenende hatte Paul am frühen Nachmittag ausgeschlafen. Der Vater hackte Holz, die Mutter stapelte Holz, Paul frühstückte.

«Du, Paul», sagte der Vater, «hattest du nicht helfen wollen?»

«Super», sagte Paul.

«Was, super», sagte der Vater.

«Na, das mit dem Helfen», sagte Paul.

«Ja, genau», sagte der Vater, «du wolltest doch helfen.»
«Super», sagte Paul, «super, wenn Eltern sagen: ‹Du
wolltest doch helfen.›»

«Ja, aber, du wolltest doch helfen», sagte der Vater.

«Nein», sagte Paul.

«Aber, du hast es gesagt», sagte der Vater.

«Nein, die Mama hat gesagt, dass ich helfen will, ich habe ‹mhngmanney› gesagt. Das ist ein Unterschied. Was du als Willensbekundung deutest, ist allenfalls als erzwungene und unwillige Zustimmung zu einem Befehl zu verstehen, du verstehst?»

«Nein», sagte der Vater.

«O Mann», sagte Paul, «ich hätte dich sehen mögen, wenn ich ‹nein› zum Holzhacken gesagt hätte. Beziehungsweise nicht.»

«Hä», sagte der Vater.

«Ich hätte nicht sehen mögen», sagte Paul.

«Was?», fragte der Vater.

«Wen», sagte Paul.

«Wie?», fragte der Vater.

«O Mann, ich hätte dich nicht sehen mögen, wenn ich ‹nein› zum Holzhacken gesagt hätte. Die Frage hätte also ‹Wen hättest du nicht sehen mögen, wenn du nein zum Holzhacken gesagt hättest› lauten müssen.»

«Hast du ja auch nicht», sagte der Vater.

«Was», sagte Paul.

«Mich gesehen», sagte der Vater, «und ‹nein› gesagt. Du hast mich nicht gesehen und nicht ‹nein› gesagt, aber ausgeschlafen, statt Holz zu hacken.»

«Einmal die Woche», sagte Paul, «kann man nicht einmal die Woche …»

Das Schöne an Gesprächen mit Postpubertisten ist, dass sie von zwingender Logik geprägt sind. Da ist der Postpubertist ganz Pubertist. Doch, halt, denkt der Vater, es gibt einen Unterschied. Der Postpubertist ist wesentlich einsichtiger, er ist sogar mitunter lernwillig.

Ein Freund des Vaters war dieser Tage in London und dort auf ein, zwei Bier in einem Club.
In diesem Club spielte wie selbstverständlich Charlie Watts mit ein paar anderen Musikern, Bill Wyman saß auch da und hörte interessiert und begeistert zu.
«Aha», sagte Paul, als der Freund des Vaters von diesem erstaunlichen Erlebnis berichtete. «Und wer bitte sind Charlie Watts und Bill Wyman?»
O Mann, dachte der Vater, hat denn nichts mehr Bestand in dieser Welt? Sind Postpubertisten wie Paul heutzutage schon so alt, dass sie nichts wissen von Charlie Watts und Billy Wyman?
«Charlie Watts», sagte er mit Bedacht und Betonung, «und Bill Wyman sind zwei Musiker der Rolling Stones, Legenden, Paul, lebende Legenden.»
«Aha», sagte Paul, «und was ist so außergewöhnlich daran, wenn ein Musiker in einem Musikclub Musik macht und ein anderer Musiker zuhört?»
Der Vater mochte nicht mehr weiterreden.

Dann war Filmabend. Paul und der Vater schauten «Spiel mir das Lied vom Tod» von Sergio Leone, von 1968, Paul schaute gleichgültig – «hab ich schon mal was von gehört, kann ich mir ja mal ansehen» –, der Vater zum wiederholten Mal. Die lange Eingangsszene, in der Jack Elam am Bahnhof mit zwei Kumpanen auf Mundharmonika wartet und dabei eine Fliege mit dem Lauf seines Sechsschüssers fängt, eine Szene, die von

Gesichtern lebt, eine großartige Szene, eine stilbilden-
de Szene, eine Szene voller Kraft und dabei so elegisch
– «geht ja voll ab, der Film», sagte Paul, «ist ja super
Action drin.»
Der Vater sagte: «Die drei spielen nicht lange mit.»
«Wieso?», fragte Paul.
Mundharmonika stieg aus dem Zug, zählte die war-
tenden drei Pferde, meinte zu
Elam, dass er zwei zu viel mit-
gebracht habe, es knallte, und
Paul wusste, wieso.

«Aha, ist ja spannend.»
Der Vater mochte nicht
mehr weiterreden.
Er tat es aber dann doch, sagte,
als Mundharmonika am Brunnen
wartete: «Gleich wird's laut.»
Es wurde laut, und Paul meinte:
«Papa, wenn du mir den Film
vorab erzählst, brauche ich ihn
mir nicht anzuschauen. Halt
bitte die Klappe.»
Im Grund genommen hatte
Paul ja recht, auch der Vater
möchte ansonsten diese Kino-
kommentatoren, die einem
noch die Werbung erklären
wollen, am liebsten in den
Popcorn-Becher stopfen. Also
schwieg er.
Der Film tat, was ein Film tun muss,

Mundharmonika war cool, Frank, das Schwein, auch, Cheyenne war supercool und Claudia Cardinale so, dass man gerne länger hinschaut. Die Cardinale sagte in der Badewanne: «Und wenn es laut wird, schrubbe ich mir den Rücken.» Mundharmonika erwiderte: «Du sagst es, Mädchen.»

Es wurde laut, und Paul sagte: «Ey, da wird einem ja richtig kalt in diesem Film, so cool, wie die alle sind.» Du sagst es, Junge, dachte der Vater und wies noch darauf hin, dass alle Personen ihre eigene Melodie haben. Paul schaute drein wie Cheyenne: «Was du nicht sagst, Papa», und wollte ansonsten nicht mehr gestört werden. Sergio Leone hatte Paul, «ist ja legendär, der Film», hinterher war Paul sichtlich beeindruckt und der Vater geradezu glücklich, dass noch etwas Bestand hat so über die Generationen hinaus. Über Charlie Watts und Bill Wyman wird aber noch zu reden sein.

MÄNNERGESPRÄCHE

Pauls Haare wachsen. Die Dreadlocks sehen langsam nach einer richtigen Frisur aus. Auf dem Kopf wird Paul Bob Marley an der Wand immer ähnlicher. Paul findet auch ansonsten viel Gefallen an den Musikanten aus der Karibik und an deren Rauchverhalten. Paul hört jetzt sehr oft «Joint Venture». Das war eine Band mit schlichten Melodien, hin und wieder auch witzigen Texten und einem Programm, das im Band-namen steckt. Im ersten Wort.

Der Vater hat lange überlegt, wie er mit Pauls Hang zu dieser Illegalität umgehen soll. Der hatte sich ja schon gebildet, als Paul noch Pubertist war. Verbieten? Paul kennt die Vergangenheit des Vaters. Paul würde sagen: «Aber du!»

Außerdem frönen all seine Mitpostpubertisten dieser Lust an der Karibik, allerdings nur Paul mit Dreadlocks. Der Vater und Paul haben dann eine Art «Joint Venture» vereinbart, dahin gehend, dass der gelegentliche Genuss der aromatischen Kräuter gestattet sei, der GELEGENTLICHE Genuss. Soweit der Vater das kontrollieren kann, hält sich Paul daran.

Aber die Schwellenphase ist noch nicht vorbei. Neulich war Paul mal wieder zwei Tage und Nächte allein zu Hause. Und als der Vater heimkehrte, sah es in der Wohnung nicht gut aus, nein, es sah wirklich nicht gut aus. In der Küche zum Beispiel türmte sich schmutziges Geschirr. Die Familie besitzt einen Geschirrspüler.
«Paul», fragte der Vater, «gibt es einen Grund, warum du das Geschirr nicht in den Spüler geräumt hast?»
Paul sagte: «Ja.»
Der Vater fragte: «Und welchen?»
Paul sagte: «Die Spülmaschine war voll.»
Da war der Vater sprachlos. Paul sagte noch, dass er keine Zeit gehabt hätte.
Möglicherweise ist da eine neue Mitpostpubertistin. Es gibt Anzeichen dafür, dass Paul mit seinen Dreadlocks gut ankommt. Vergangene Woche sind der Vater und Paul mal wieder zusammen ins Kino gegangen. Das Mädchen an der Kasse trug auch Dreadlocks. Paul und das Kassenmädchen fachsimpelten. Der Vater stand abseits daneben, er hatte die Kinokarten gekauft und bezahlt. Damit hatte er seine Pflichten erfüllt. Er hatte nun Pause. Das Kassenmädchen und Paul redeten und redeten. Und sie lachten. Immerhin drehte sich das

Mädchen am Ende zum Vater hin und sagte: «Meine
Eltern haben Terror gemacht, als ich mit Dreadlocks
anfing.» Paul lächelte überlegen. Der Vater fühlte sich
überlegen.

Zurück zu «Joint Venture», der Band. Ein Lied heißt
«Holland», und der Refrain geht so: «Ich liebe Superskunk, und ich liebe Sauce Special» (Superskunk
und Sauce Special muss man nicht kennen. Nur so viel:
Es hat etwas mit dem Bandnamen zu tun und mit Pauls
Vorlieben). Weiter: «Aber eine Sache gibt's, da bin ich
meganational. Es kam über die Jahre, und jetzt sitzt es
ziemlich fest. Solang's um Fußball geht, hasse ich Holland wie die Pest.»
Fußballfan ist Paul immer noch. Der Vater auch. Er hörte
dem Song zu.
«Komm mir jetzt bitte nicht mit politischer Korrektheit»,
warnte Paul.
«Nö», sagte der Vater, «spiel's nochmal.»
Mit dem Konsequentsein ist es etwas schwierig, wenn
Vater und Postpubertist in der Sache grundsätzlich
einig sind.

In anderer, modischer, Angelegenheit ist Paul noch
nicht viele Schritte weitergekommen. Nicht, dass es
den Vater stört, soll Paul doch anziehen, was er will.
Aber warum will Paul immer noch im Strampler rum-
laufen?
Paul war mit Mitpostpubertist Markus shoppen. Zurückgekommen ist Markus mit einem Sakko, der ist schon
einen Schritt weiter. Paul kam mit einer Hose. Jeans,

hüftig, mit Kniekehlenschritt. Der Vater schaute nicht mehr so genau hin.

«Paul», sagte der Vater am nächsten Tag, «Paul, ich glaube, du brauchst mal wieder eine neue Hose.»

«Macke, oder was», sagte Paul, «die Hose ist superneu, die hatte ich nur einmal an, gestern auf der Party.»

«Aha, mag ja sein, aber der Vorbesitzer und der davor, die haben die Hose sehr oft getragen.»

«O Mann», sagte Paul, «muss das eigentlich so sein, dass die mit der wenigsten Ahnung am lautesten kritisieren? Die Hose ist fabrikneu.»

Der Vater schwieg fürs Erste.

Paul sagte: «Besser so. Sonst kaufe ich mir eine Hose mit Schlitz.»

Der Vater konnte nicht länger schweigen. «Haben nicht alle Hosen Schlitze?»

«Ich rede nicht von Längsschlitzen zum Wasserlassen», sagte Paul, «ich rede von Querschlitzen, von Rissen.»

«Du redest von kaputten Hosen», sagte der Vater, «du willst dir eine kaputte Hose kaufen?»

«Will ich nicht», sagte Paul, «ich mein ja nur. Ich meine ja nur, dass der Tag, an dem du aufgeschlossen bist für Neuerungen, wohl erst noch kommen muss.»

Der Vater hat dann beschlossen, seinen Mund zu halten zum Thema und die Mode der Postpubertisten denen zu überlassen, die mehr davon verstehen.

Wenn es die denn gibt. Wahrscheinlich haben Dreadlocks, «Joint Venture» und abgetragene Hosen mit Kniekehlenschritt etwas mit dem Brunftverhalten angehender Postpubertisten im Sommer zu tun. Um es klar zu sagen, Paul und Mitpostpubertisten sind mit neuem

Sakko und neuer, abgewetzter Hose auf Pirsch. Heute Party, morgen Kino, übermorgen wieder Party. Auch ist Paul zurzeit meist fröhlich, und bei Tisch benimmt er sich. Und selbstbewusst ist er, sehr selbstbewusst.

«Und geht was?», wollte der Vater wissen.

«Und, geht dich das was an», sagte Paul.

«Nö», sagte der Vater. Und dann lachte Paul, und der Vater lachte. Und dann waren sich der ältere Mann und der jüngere Mann wieder einmal sehr einig. Das Leben wird leichter, dachte der Vater. Paul sagte nichts, Paul guckte nur so komisch, gerade so, als wolle er sagen, «täusch dich nicht, Papa».

Dennoch, die Veränderung ist spürbar. Paul und der Vater waren ja schon gemeinsam in der Kneipe, damals, als Paul beschloss, kein Pubertist mehr zu sein. So ein Kneipengang von älterem Mann und jüngerem Mann wiederholt sich jetzt.

«Glaub bloß nicht, dass ich jetzt zu jedem Männergespräch das Bier zahle», sagt Paul.

«Dachte ich mir schon, dass du knauserig bist», sagt der ältere Mann.

«Ganz der Vater», sagt Paul.

Der Vater sagt nichts.

«Bush ist ein Arschloch», sagt Paul am Biertisch.

«Paul», sagt der ältere Mann, «die Tatsache, dass wir nun öfter mal zum Männergespräch zusammenhocken, heißt nicht, dass wir in Stammtisch-Jargon verfallen.»

Paul grinst. «He's an asshole.»

«Der Umstand, dass du drei Worte Englisch kannst, macht es nicht besser.»

Paul grinst weiter. «Oha, der Herr Vater möchte mal politisch ausgewogen argumentieren. Wie würdest du Bush denn nennen?»

«Prost», sagt der ältere Mann.

Drei Frauen setzen sich zu den Männern an den Tisch. Sie unterhalten sich über Schule. Eine schaut immer wieder zu den beiden Männern her, ob mehr zum jüngeren Mann oder mehr zum älteren, ist nicht zu erkennen.

Paul und der Vater hatten früher schon einmal über den amerikanischen Präsidenten diskutiert. Das war, als ein Mister Kerry gegen Bush antrat.

«Meinst du, Kerry gewinnt die Wahl?», hatte Paul damals gefragt.

«Nach Lage der Dinge und den Umfragen sieht es gut aus», sagte der Vater, «aber weißt du, Amerikaner und Intelligenz ... »

«Aha», hatte Paul geantwortet, «sehr ausgewogen argumentiert. So gar nicht pauschal geurteilt.»

«Wunderbar», hatte der Vater gesagt, «der Herr Sohn kapiert was.» Und das pauschale Urteil hat er sich auch gemerkt.

Jetzt beim Männergespräch senkt Paul die Stimme: «Wen schaut die Frau ständig an», flüstert er, «dich oder mich?»

«Eher dich, sind bestimmt Lehrerinnen, die dich bekehren wollen.»

«Die entsprechen eher deiner Altersstruktur, die sind kurz vor der Pensionierung», raunt Paul.

«Asshole», sagt der Vater.

«Jetzt weiß ich, woher ich euch kenne», sagt die Frau da,

«ihr habt kürzlich im Buchladen eine Lesung gehabt, hier haben wir den Vater, und du bist Paul, der Pubertist.»

«Paul war der Pubertist», erwidert der Vater, «von nun an will er Männergespräche führen.»

«Prost», sagt Paul.

Das Männergespräch ist noch nicht beendet.

«Du, Papa, die haben uns in der Schule Verhaltensregeln gegeben.»

Der ältere Mann schaut erfreut. «Zimmer aufräumen?»

«Nee, ne», sagt Paul, «nicht schon wieder diese Diskussion. Für Auschwitz natürlich, für unseren Besuch dort.»

Ein flüchtiger Bekannter setzt sich an den Tisch, Generation des Vaters, mit zwei, drei Bieren Vorsprung.

«Oha», sagt er, «die Söhne der Täter besuchen Auschwitz.»

Paul schaut unter seinen Dreadlocks hervor. «Aha», sagt er zu dem Bekannten, «du bist so alt wie mein Vater. Wenn ich Sohn eines Täters sein soll, musst du ja auch einer gewesen sein.»

«Hä?», der Bekannte verlässt den Tisch und erhöht seinen Biervorsprung.

«Nicht schlecht», sagt der Vater, «als ich so alt war wie du jetzt, war ich mit dem Sportverein in Holland. Da wurden wir als Nazis beschimpft.»

Paul verdreht die Augen. «Holländer», sagt er, «und Fußball spielen können sie auch nicht. Was hatte eure Generation mit den Nazis zu tun?»

«Kollektivschuld nennt man das», sagt der Vater.

«Und die ist vererbbar?», fragt Paul. «Ich bin nicht verantwortlich für Auschwitz.»

«Schlecht wird dir trotzdem werden», sagt der Vater.

«Weiß ich», sagt Paul, «deswegen fahren wir ja hin.»
Und dann erzählt er noch, wie kürzlich auf einer Party
beim wichtigen Arthur ein Neonazi auftauchte. «Keine
zwei Minuten war der da», sagt Paul, «dann flog er raus.»
«Die Biere zahle ich heute», sagt der Vater.

FILME

So ein Postpubertist mischt sich immer mehr ein. Den Pubertisten hat das Leben der anderen nicht interessiert, nur sein eigenes. Der Postpubertist ist fest der Meinung, eine Meinung zu haben zum Leben der anderen. Das macht das Leben mitunter leichter, wenn es um Dritte geht. Aber schwerer, weiß der Vater, wenn es um den Vater geht.

«Vater, Vater, was hast du getan!», rief der jüngere Mann. «Ich war beim Friseur.»

«Wohl, wohl, das sehe ich. Aber du siehst scheiße aus, kurz vor der Glatze.»

Der Vater seufzte. «Schau, Paul, habe ich mich eingemischt, als du dir diese Dreadlocks gemacht hast?»

Paul grinste. «Nein, aber meine Frisur sieht ja auch gut aus.»

«Die einen sagen so, die anderen sagen so.»

Der jüngere Mann hat gerade ein paar Anstrengungen mit der Weiblichkeit. «Liegt aber nicht an meinen Dreadlocks, liegt an der Weiblichkeit», sagte Paul, «du aber siehst scheiße aus.»

Den Vater überkam Müdigkeit, eine abgrundtiefe Müdigkeit. «Paul», sagte er leise am Abendbrottisch, «ich hatte einen harten Tag. Ich habe der Friseuse gesagt, sie solle schneiden. Ich setzte die Brille ab. Und als ich sie wieder aufsetzte, war es zu spät.»

Paul sagte: «Ich würde sagen: verbockt.»

Der Vater versuchte ein altersmildes Lächeln. «Wächst wieder nach, Geduld ist eine Tugend.»

Paul dachte nach, dann hellte sich sein Gesicht auf. «In diesem Fall ist Geduld aber offensichtlich der Verlust an Eitelkeit.»

Der Vater war doch erstaunt über den philosophischen Ansatz seines vormaligen Pubertisten. «Ich war noch nie eitel», sagte er. «Im Gegensatz zu dir hatte ich es nicht nötig, mit viel zu weiten Hosen rumzulaufen, den Gürtel in den Kniekehlen.»

Paul schaute auf den Haaransatz des Vaters. «Die würden wenigstens von deiner Frisur ablenken.»

Die Mutter mischte sich auch noch ein, es war einfach nicht der Tag des Vaters. «Du und nicht eitel», sagte sie.

Der ältere Mann erhob sich, müde schaute er, unendlich müde. «Schau, Paul, es gibt eine Zeit für Schnickschnack. Und dann gibt es eine Zeit für Gelassenheit. Solltest du mal lernen, gerade für deine Anstrengungen mit der Weiblichkeit.»

«Hört, hört», sagte die Mutter.

Der ältere Mann ging zur Garderobe. «Komm, Paul, lass uns ein Bier trinken gehen, hier wird man ja nicht gehört.»

Paul grinste.

Der Vater setzte eine Mütze auf, das Radio hatte Kälte angekündigt.

Paul grinste.

Die Mutter grinste.

Der Vater stöhnte.

«Ist ja gut», sagte Paul, «aber erkläre mir eins. Wenn du so uneitel bist und so altersgelassen, warum setzt du jetzt eine Mütze auf?»

«Das Radio hat Kälte vorhergesagt.»

«Stimmt», sagte Paul. «Zehn bis zwölf Grad plus. Das ist schon schweinekalt.»

Grimmig blickte der Vater unter der wollenen Kopfbedeckung hervor.

Je mehr sich ein Postpubertist ins Leben der anderen, also das des Vaters, einmischt, umso mehr lässt gleichzeitig seine Bereitschaft nach, über schulische Belange zu reden. Möglicherweise liegt das daran, dass er schulische Belange für nicht mehr bedeutsam genug hält, um sie zum Thema von Männergesprächen zu machen. Es könnte natürlich auch daran liegen, denkt der Vater, dass der ältere Mann gewisse Probleme hätte, eine Koordinatentransformation zwischen kartesischen Koordinatensystemen vorzunehmen.

«Ich ja nicht», sagt Paul.

Der Kollege vom Vater auch nicht, der meint, das «karthesische Koordinatensystem» käme von der Kathete, die über oder unter der Hypotenuse liege.

Du liebe Zeit, hatte der Vater da gedacht. Der Mann hat selbst einen Sohn, einen Pubertisten, dem er doch helfen muss. Armer Kerl, dieser Pubertist. Erst Pisa und dann ein Vater, der Descartes nicht kennt, aber immer noch glaubt, er könne dem Pubertisten langfristig mit

Halb- oder Garnichtwissen imponieren. Spätestens in der Schwellenphase wird damit Schluss sein.

Pauls Vater ist dem Buben schon lange nicht mehr mit dem eigenen Schulwissen gekommen. «Paul», hat er frühzeitig gesagt, «ich kann dir nicht ein Leben lang helfen, du musst schon mal auf eigenen Füßen stehen.»

«Aha», hat Paul dazu gesagt. Und gedacht, dass der Vater in Mathe nicht mehr nicht helfen will, sondern nicht helfen kann. «Du warst ja so eine mathematische Leuchte, nannte man dich nicht Euler?»

Da hat der Vater gestöhnt. Es war ein schwerer Fehler gewesen, dass Paul in seiner Pubertistenzeit die alten Zeugnisse des Vaters hatte einsehen dürfen. Man kann es nicht oft genug wiederholen, so ein Postpubertist verwertet sein Wissen kaltblütig.

Die anderen Fächer? Griechisch hat der Vater nie gelernt. Latein? Wäre der Vater einmal mit meiner Lateinnote nach Hause gekommen, hat Paul gemutmaßt, wären wohl Sektflaschen geöffnet worden. «Chemie», hat Paul gesagt, «Papa, du fragst mich, wie es in Chemie läuft? Du fragst mich nach Chemie? Du? Soll ich dir nochmal deine Zeugnisse zeigen?»

«Mhngmanney», hat der Vater gesagt.

Alles in allem ist es aber eine schöne Errungenschaft der postpubertistischen Zeit, dass Paul eigenverantwortlich lernt. Ab und an sind Lehrer Thema beim Männergespräch. Aber was Paul zu einigen von ihnen zu sagen hat, kann hier aus Rücksicht auf die Schnittmenge zwischen Lesern und Lehrern nicht wiedergegeben werden. Nur so viel: Über Pisa und die Folgen wurde in Pauls Unterricht noch nicht gesprochen. Paul sagt, er habe den Eindruck, seine Schule wähne sich von derartigen Problemen unberührt. Könnte mit ein Grund sein für die Resultate, die so erzielt werden, dachte der ältere Mann.

Dann waren die beiden Männer mal wieder der Tradition wegen gemeinsam ins Kino gegangen. Der Film führte mit Clint Eastwood in den Boxring. Hinterher waren sich der ältere Mann und der jüngere Mann einig, dass «Million Dollar Baby» ganz okay ist. Vorher waren sie sich auch einig gewesen. Da war nämlich die Reihe vor ihnen leer. Komplett leer. Es kamen zwei Frauen und ein Mann ins Kino. Sie setzten sich unmittelbar vor Paul und den Vater.

Paul sagte: «Hä?»

Der Vater sagte: «Nee, ne!»

Paul sagte: «Wie rücksichtslos und dumm darf man eigentlich sein?»

Eine der Frauen drehte sich um und sagte: «Ich bin nicht dumm. Ich bin Lehrerin.»

Der Vater sagte: «Hä?»

Paul sagte: «Oh, sorry, hätte mir gleich klar sein müssen.»

Der Vater lachte. Die schlaue Lehrerin verstand nicht.

«Das verstehe ich nicht», sagte sie.

«Natürlich nicht», sagte Paul, «wie auch?»

Mehr soll nicht gesagt werden über Pauls Verhältnis zu einigen seiner Lehrer.

Schule fällt also aus als Thema der Männergespräche. Pauls Zimmer auch. Pauls Zimmer ist immer noch eine Angelegenheit, über die der jüngere Mann nicht reden möchte (der ältere Mann schon, aber das wäre ein Monolog, so, als spräche er mit dem Kühlschrank).

So nach und nach nähern sie sich dem, was wirklich wichtig ist. Markus, der Mitpostpubertist, hat jetzt was mit Larissa, Alex und Paul suchen noch. Paul war ein paarmal mit Lana verabredet, eigentlich schien alles klar zu sein. Aber dann, «weißt du», sagt Paul, «ich glaube, Frauen sind wesentlich komplizierter als das kartesische Koordinatensystem.»

«Das könnte ich dir notfalls vielleicht doch noch erklären», sagt der Vater.

Worum es den Postpubertisten in der Tiefe wirklich geht, wird auch deutlich, wenn der Vater Pauls musikalischen Werdegang betrachtet. Dass Paul auf dem Schlagzeug übt, wurde ja schon erwähnt, Mitpostpubertist Markus zupft parallel dazu die Gitarre. Zur Bühnenreife taugt es aber noch nicht, vermutet der Vater und äußert seine Skepsis bezüglich dessen, dass es den jüngeren Männern ausschließlich um die Musik ginge.

«Hörte ich», sagte Paul, «in dieser Wohnung nicht auch schon mal den Song von Mister Dury: ‹Sex and Drugs and Rock 'n' Roll›?»

Aha, dachte der Vater, es gibt sie also noch, die alten Werte, oder es gibt sie wieder.

Bei einem anderen Kinogang waren der ältere Mann und der jüngere Mann sehr angetan von «Die fetten Jahren sind vorbei». Paul hatte breit gegrinst, als die beiden Protagonisten unter dem Titel «Die Erziehungsberechtigten» der Geldgier in den Protzvillen eine neue Ordnung gaben. Beim anschließenden Bier und Männergespräch warnte der ältere Mann vorsichtshalber: «Untersteh dich, dein revolutionäres Herz illegal schlagen zu lassen.»

Paul winkte ab: «Keine Sorge, Sex, Rock 'n' Roll und Führerschein haben Vorrang.» Aber als dem Vater am folgenden Tag auf dem Ku'damm der Prinz Ferfried und seine damalige unsägliche Begleiterin begegnet waren und er Paul davon erzählte, sagte der jüngere Mann: «Ob denen nicht ein bisschen Erziehung guttäte?» Der Vater grinste breit.

Und nun ist das Jahr zu Ende, und das Jahr von Pauls Volljährigkeit beginnt. Paul plant die Restaurierung seines Zimmers. Nicht unter Gesichtspunkten der Ordnung, mehr unter dem Aspekt, dass nur fühlende Herzen wahrlich revolutionäre Zellen sind. Eine gemütliche Ecke ist eingeplant. Und Platz fürs Schlagzeug, «die Nachbarn sollen doch froh sein, dass sie mich heute kostenlos hören können», sagt Paul, «vielleicht wird es später ja mal teuer.» Träumerische Visionen, denkt der Vater, sind nicht die schlechtesten Zutaten des jugendlichen Lebens.

«Na ja», sagt Paul, «und dann muss der Führerschein her. Und anschließend der VW-Bus, ausbaubar mit Bett und Kühlschrank.»

Der ältere Mann hebt die Brauen. «Paul, das wird kosten, spar schön.»

«Du meinst, die fetten Jahre sind vorbei?»

«Genau», sagt der Vater.

«Mhngmanney», sagt Paul.

FLEISCH

Phini darf bleiben. Paul setzt seinen Plan tatsächlich um. Einen Plan, der mit Arbeit zu tun hat. Als Paul noch Pubertist war, war das undenkbar. Einen Vorsatz zu fassen, das ja, das war immer mal wieder möglich. Aber sich daran halten? Undenkbar! «Ja, ja», hatte der Pubertist gesagt, «ich lerne jetzt mehr für die Schule», und den Plan am Tag darauf wieder verworfen. «Ja, ja», und dann kam wieder ein neuer Beschluss: «Ich kümmere mich gleich morgen um einen Praktikumsplatz.» Das war ein Beschluss gewesen, den Paul über Wochen täglich neu fasste. Am Ende, als alle Praktikumsplätze vergeben waren, hatte der Vater sich kümmern müssen. Und der Pubertist war nur ein kleines bisschen und nur für Minuten kleinlaut gewesen.

Und nun dies. Was für ein Entwicklungssprung, denkt der Vater, ein Wunder der Evolution. Paul fasst einen Plan. Und er setzt ihn um. «Morgen werde ich mein Zimmer umbauen», hatte er vor ein paar Wochen gesagt. Er hatte das mehrfach wiederholt, immer am nächsten Tag. Und jetzt hat er es tatsächlich getan. Und Phini darf bleiben.

Phini, das ist Pauls uralter Delfin. Ein Kuscheltier, weiß

und blau und weich und flauschig und zu Paul schon gekommen, als Delfin noch richtig und mit ph geschrieben wurde. Phini war Pauls ständiger Begleiter, schon als er noch nicht einmal Pubertist war. Phini war dabei, wenn die Familie verreiste, Phini durfte auch auf den ersten Klassenfahrten mit. Und als Paul sechzehn war und Luise nach Amerika hinterherreiste, flog Phini auch mit. Der Vater hatte versprochen, Paul zum Flughafen zu bringen, und als Paul und der Vater schon im Auto saßen und gerade losfahren wollten, da hatte Paul erschrocken gerufen: «Halt, halt, ich muss nochmal hoch, ich habe was vergessen.» Als er wieder runterkam aus der Wohnung, hatte er Phini im Arm. Später dann, als Paul und Luise wieder daheim waren, erzählten sie, dass Phini auch bei ihnen im Bett geschlafen hätte. Luise schläft schon länger nicht mehr in Pauls Bett, Phini auch nicht, aber er schläft neben dem Bett. Alle anderen Tiere sind eingepackt und eingepfercht in einer Kiste auf dem Hängeboden. Daneben steht eine Kiste, in der Pippi Langstrumpf liegt, die Katze mit Hut und alles von Janosch, ein ganzes Regal voller Kinderbücher. Paul hatte die Bücher nie weggeräumt. Entsprechende Vorschläge des Vaters oder der Mutter, damit Platz wäre für all die anderen Bücher, die Pubertistenbücher, hat Paul, der Pubertist, strikt abgelehnt und mit Bücherstapeln vor dem Regal beantwortet. Es war deswegen nicht gerade zum Streit gekommen. Der Vater und auch die Mutter waren ja froh, dass Paul überhaupt las, aber dass er so beharrlich an den Träumen und Reisen der Kindheit hing, haben sie schon erstaunlich gefunden. Und nun ist Pauls Zimmer auch postpubertistisch. Der Vater schluckt ein wenig. Die Mutter hat auch schon ganz traurig geschaut.

Aber der Umbau ist ja zu erwarten gewesen. Pauls Zimmer war noch eine Art Grenzgebiet. Wenn der Vater und Paul von ihren Männergesprächen kamen und Paul in sein Zimmer ging, war es, als kehre er noch einmal zurück in die Zeit seiner Anfänge. Draußen an der Tür klebten Zahlen aus Holz, jedes Jahr am Geburtstag war eine neue Zahl dazugekommen. Jetzt ist die Tür blank und weiß, so wie die Tür zum Zimmer des Vaters und die zum Zimmer der Mutter.

Vor ein, zwei Jahren, bei einer früheren Reifungswelle, sind schon alle Legosteine in den Himmel, also in den Hängeboden, aufgestiegen. Das ist noch ein Kampf gewesen, einer mit Trennungsschmerzen und Wehmut. Diesmal hockt Paul gelassen auf dem Boden, und als er aus einer Schublade die Zeichnungen aus den vergangenen siebzehn Jahren zieht, ist es die Mutter, die die Werke im letzten Moment vor dem Papierkorb rettet. Melancholie, denkt der Vater, ist wohl keine postpubertistische Empfindung.

Und als alles geräumt ist und in der früheren Rumpelkammerecke eine Art Diwan auf einem Podest steht, in der anderen früheren Rumpelkammerecke eine Arbeitsplatte für Computer und Schreibarbeiten montiert ist, in der dritten Ecke, auch die war mal Rumpelkammer, sehr ordentlich das Schlagzeug aufgebaut steht, da empfindet der Vater dieses Evolutionswunder bei aller Sentimentalität doch als wohltuend. «Sehr schön», sagt er, «dein Zimmer ist endlich einmal aufgeräumt.»

«Noch», sagt Paul, «noch.»

Ordnung, denkt der Vater, ist wohl auch kein post-
pubertistischer Wert. Ordnungsliebe, und sei sie auch
noch so klein, kommt wohl erst beim nächsten Evolu-
tionsschub.

Einen anderen Schritt nach vorne hat der Vater schon
vor Wochen beobachten können. Sehr erfreut war er da
gewesen. Aus Pauls Zimmer schallte nämlich erstaunliche Musik. Der Vater saß nebenan. Das Stück kam ihm
bekannt vor, eine E-Gitarre jaulte. «All Along the Watch-
tower», aber es war eindeutig nicht Bob Dylan, der da
sang. Das war Hendrix, Jimi Hendrix, 1970 gestorben.
Paul ist noch keine achtzehn. Na ja, dachte der Vater,
wird wohl Radio sein, schön, dass die sich auch mal an
Hendrix erinnern. Dann folgte «Voodoo Child», dann
«Catfish Blues», «Red House», der Vater öffnete die Tür zu
Pauls Zimmer. Es war damals noch im pubertistischen
Zustand. Aber das Radio war aus, Paul hörte CD, hörte
Hendrix, Jimi Hendrix. Wie der Vater, als er noch sieb-
zehn war. Und da war Hendrix auch schon drei Jahre tot.
«Paul, du wirst ja erwachsen», sagte der Vater.
Paul zuckte mit den Schultern. So in der Art, um Ge-
lassenheit auszudrücken. «Keine Ahnung», sagte Paul.
«Keine Ahnung» und gelassenes Schulterzucken sind
eindeutig postpubertistisch. So wie «mhngmanney» und
die zum Himmel verdrehten Augen eindeutig pubertis-
tisch waren.

Dann war Paul mit ein paar anderen Postpubertisten
in einer Ausstellung: Stanley Kubrick. Jetzt kennt Paul
«Dr. Seltsam», «Full Metal Jacket», «A Space Odyssey»,

«Clockwork Orange» und so weiter. «Irgendwie hattet ihr es besser früher», sagte er beim Männergespräch zum Vater, «die Filme waren besser, und die Musik war besser.» Es war ein Männergespräch in Pauls Noch-pubertistenzimmer.

«Ach ja», seufzte der Vater.

«Nee, ne», sagte Paul, als er den Blick des Vaters sah. Und als die Mutter ins Zimmer kam, sagte Paul: «Mama, schnell, geh lieber wieder, Opa erzählt jetzt gleich vom Krieg.»

Ein paar Tage darauf will Paul die alten Schallplatten vom Vater anschauen.

«Phh», sagt der Vater, «ich weiß nichts vom Krieg.»

«Nun hab dich nicht so», sagt Paul, «wo sind die Platten?»

«Auf dem Hängeboden. Wie du unschwer bemerkt haben dürftest, sind deine Eltern auch in der Neuzeit angekommen. Ich kann schon einen CD-Player bedienen.»

«Na ja», sagt Paul, «an und aus. Bravo!»

Dann klettert er auf den Hängeboden. Und kommt wieder runter. Iron Butterfly, Blind Faith, Cream, das Woodstock-Album, Janis Joplin, und die Doors und die Doors und die Doors. Paul geht zum Plattenspieler, der auf dem CD-Player steht. Eric Clapton, Ginger Baker, Jack Bruce, The Cream sollen den Anfang machen.

«Äh», sagt Paul, «und wie funktioniert jetzt dieses Ding?» «Ha», sagt der Vater, «Triumph! Einen Plattenspieler zu bedienen ist eigentlich ganz leicht.»

Paul zuckt mit den Schultern. «Keine Ahnung, aber du willst die Cream ja auch hören.»

«Schau, Paul», sagt der Vater, «der Hebel da ist der Arm, vorne ist eine Nadel dran, die setzt du auf die Platte. Und schon geht es los.» Gutes bleibt eben, denkt er.

Manchmal tut Paul so, als sei er auch in der Küche auf den Geschmack gekommen. Aber Kochen mit Paul ist schwierig. Der Pubertist war maßlos. Der hat gegessen, dass es fressen heißen muss. Und immer das Gleiche: Nudeln, Hühnerschenkel, Nudeln. Die Mutter ist eine begnadete Köchin. Der Vater kocht auch ganz gerne. Der Pubertist hat das selten zu würdigen gewusst. «Gratin habe ich noch nie gegessen.» Das war so ein Satz, mit dem er Verachtung ausdrücken wollte.
«Ach Paul», sagte die Mutter dann stets, «schon zigmal.»
«Das sagt ihr immer», erwiderte Paul dann, «jedes Mal.»
«Also hast du es schon mal gegessen», sagte der Vater.
«Mhngmanney», sagte Paul.
Seit Paul Postpubertist ist, gibt er vor, wählerisch zu sein. Gottlob nicht so arg wie Max, der mit Paul gleichaltrige Sohn der Kollegin des Vaters. Der hat gerade seine Veganerphase überwunden. Weil er ein Freund der Tiere ist, hat er stattdessen naturbelassene Kräuter konsumiert.

Also inhaliert, wie das Postpubertisten heutzutage gerne tun und von den lustigen Musikern aus der Karibik abgeschaut haben. Aber, wie gesagt, Max hat den Veganer inzwischen

hinter sich gelassen, Max isst jetzt wieder Freunde. Und konsumiert außerdem noch naturbelassene Kräuter.

Veganer hin oder her, Paul zu bekochen ist auch anstrengend. Was macht man da als Vater? Gestern hat der Vater Saltimbocca gemacht. Er hatte ein paar Kalbsschnitzel gekauft (sündhaft teuer), Salbei (auf dem Acker wäre er günstiger zu haben gewesen), Parmaschinken (kein Wort über den Grammpreis), Marsalawein (für das Kind nur das Beste), Ciabatta (damit der Postpubertist mal lernt, dass es nicht nur Toastbrot gibt). Dann hat der Vater die Schnitzelchen hauchdünn geschnitten. Hat sie gepfeffert, mit Parmaschinken belegt, ein Salbeiblatt mit einem Zahnstocher befestigt. Die Schnitzelchen brutzelten in der Pfanne, kurz nur, nicht mehr als drei Minuten pro Seite, und die Seite mit dem Salbeiblatt zuerst. Dann hob der Vater sie aus der Pfanne, Paul schaute zu. Dann goss der Vater den Wein in den Bratensatz. Paul schaute zu. Ohne den Vater über Gebühr loben zu wollen, es wurde eine Soße – man kann sie nur Sößchen nennen, zum Niederknien, zum Vateranbeten, zum Reinsetzen.

Paul sagte: «Deine Soßen waren auch schon mal besser.»

Der Vater sagte: nichts.

Paul sagte: «Hab dich nicht so. Ich esse ja.»

Der Vater sagte: nichts.

Paul sagte: «Du bist doch morgen im Büro, wenn ich aus der Schule komme. Und Mama ist in der Ruine.»

Der Vater: «Ja.»

Paul: «Dann könnte ich mir doch einen Döner holen, wenn du mir Geld gibst.»

Der Vater sagte: nichts.

Paul: «Und am Abend, wenn du nach Hause kommst, gehen wir zu Paolo, dem Italiener.»
Der Vater gab Paul drei Euro für den Döner. Immerhin räumte Paul in einem Akt der Solidarität ab. Und das ist nun mein eigen Fleisch und Blut, dachte der Vater.

DEMONSTRATION

Paul hat Ferien. Paul schläft. Bis Mittag. Dann bis ein Uhr. Zwei. Drei.

«Paul, willst du nicht mal langsam aufstehen», sagt der Vater. «Mhm, mhmmhm», sagt Paul.

«Paul, die Sonne scheint, es ist herrliches Wetter, es ist Frühling», sagt der Vater.

«Nachts auch», sagt Paul.

«Aber dann siehst du ihn nicht», sagt der Vater.

«Aber ich fühle ihn», sagt Paul, «und jetzt lass mich noch ein bisschen schlafen, bevor es dunkel ist und ich in den Frühling hinauskann.»

Pauls Freizeitgestaltung ermüdet den älteren Mann. Weil Pauls Nacht der Tag des Vaters ist und die Nacht des Vaters Pauls Tag.

«Was willst du eigentlich», sagt Paul, «ich komm doch im Hellen nach Hause.»

«Ha, ha», sagt der Vater, «vergnügungssüchtig, das bist du.»

Paul hat auch als Pubertist lange geschlafen. Was das Schlafbedürfnis angeht, besser: die Schlaflust, hat die Evolution zum Postpubertisten geschlafen. Sie hat nicht stattgefunden.

Mitunter ärgert sich der Vater über Pauls verschlafene Zeit. Dann denkt er daran, wie es bei ihm war, als er Pubertist war und später Postpubertist. Da hat er ein Zimmer gehabt, das außerhalb der elterlichen Wohnung im zweiten Stock lag, ein Mansardenzimmer im fünften Stock. Als Pubertist hat er sich unter der Woche, wenn er in die Schule musste, immer fein den Wecker gestellt. Auf halb sieben, damit er noch unten mit der Mutter und dem Vater und der älteren Schwester eine Tasse Kaffee trinken konnte, bevor er in die Schule ging. Den Wecker hat er aber oft nicht gehört, weiß Gott. Wohl aber das Hämmern an der von innen verschlossenen Tür, mit dem die Mutter ihn aus dem Schlaf trieb. Die Mutter war eine sehr korpulente Frau, die beim Marsch vom zweiten in den fünften Stock heftig außer Atem geriet und entsprechend wutschnaubend vor dem noch schlaftrunkenen späteren Vater stand. Der Vater und die Schwester waren da schon aus dem Haus, und für einen gemütlichen Kaffee mit der Mutter war keine Zeit mehr, und sowieso war die Stimmung vergiftet.

Später, als Postpubertist, da waren die Eltern schon gestorben, hat sich sein Schlafbedürfnis auch nicht reduziert. Die Abiturprüfung hat er nicht verschlafen können, weil in der Nacht zuvor das Krankenhaus angerufen hatte, um ihn drei Wochen nach dem Tod des Vaters auch vom Tod der Mutter zu unterrichten, die Prüfung verlief entsprechend. Aber danach, als die Trauer einigermaßen überwunden war und der spätere Vater und damalige Postpubertist sich im Zivildienst befand und im Studium, da war oft der launige Radiosprecher der Mittagssendung, der immer «Guten Morgen, liebe

Studenten!» sagte, die erste Stimme, die er am Tag vernahm. Mit anderen Worten: Bei Groll über den eigenen Pubertisten und über den Postpubertisten ist es hilfreich, sich nur mal zu erinnern.

Und mit noch anderen Worten: Der Vater kriegt zurzeit nicht recht mit, was Paul so treibt. Man sieht sich selten. Ab und an geht beim Vater eine SMS ein: «Bin bei Tobias, bleib über Nacht.» Oder: «Feiern Party. Wird spät.» Nachtaktive Postpubertisten und Postpubertistinnen haben Kondition. Wenn der Vater seinerseits am späten Nachmittag bei Paul anruft, sagt das Handy: «The person you have called is temporarily not available.» Das ist englisch für: «Paul schläft.» Und wenn der ältere Mann und der jüngere Mann dann doch mal gemeinsame Unternehmungen machen, etwa einen der traditionellen Kinogänge, und wenn der Vater anschließend mit Paul auf ein Bier zum Männergespräch möchte, dann kann es passieren, dass Paul sagt: «Ach nee, ist noch Party.» Und in die Nacht verschwindet. Der Vater geht dann seiner Wege. Wenn kurz darauf eine SMS piept: «Ich bleibe über Nacht. Hab dich lieb», wird er sehr wehmütig.

Es ist aber nicht so, dass der Postpubertist den Vater gar nicht mehr braucht. Neulich etwa brauchte Paul neue Kleider. Glaubte der jüngere Mann zumindest und kam mit diesem Glauben zum Vater.

«Papa, gibst du mir zwanzig Euro?», fragte Paul.

Der Vater zahlte, wollte aber auch wissen, was Paul für zwanzig Euro so alles kaufen wolle: «Eine Unterhose? Ein Paar Socken?»

Paul lächelte abschätzig.

Am Abend trafen sich die beiden zum Männergespräch
auf ein Bier. Paul trug Converse-Turnschuhe, eine ziemlich zerschlissene Jeans, ein weites Hemd, darüber
einen Parka, also eine jener Militärjacken, die man vor
vielleicht dreißig Jahren anzog, wenn man zu einer
Demonstration wollte, die sich gegen die Pershing-Ra-
keten und den Nato-Doppelbeschluss richtete. Auf Pauls
Parka prangte ein Button, «Gegen Nazis», und einer, auf
dem die Musikrichtung Ska gelobt wurde.

«Vier Euro der Parka», sagte Paul, «zwei das Hemd, ist
secondhand.»

«Fein», sagte der Vater, «dann hast du ja noch Geld übrig
und kannst das Bier zahlen.»

«Mhngmanney», sagte Paul wie in der Zeit, als er noch
kein Postpubertist war, sondern nur Pubertist. «Ich
muss sparen, ich will mich für den Führerschein an-
melden. Und wenn ich dann im Sommer achtzehn bin,
brauche ich den VW-Bus. Da muss ein Bett rein und ein
Kühlschrank.»

«Geschichte wiederholt sich nicht, es sei denn als
Farce», sagte der Vater.

«Oha, der Herr Vater zitiert Karl Marx. Und was ist an
meinen Wünschen so klassenkämpferisch?»

«Nichts, aber die siebziger Jahre sind wieder da: mit
Parka, VW-Bus und Secondhand-Läden.»

«Und was daran ist eine Farce?», fragte der junge Mann.

«Die Groteske waren eure Holzschuhe. Und diese engen
Zwickjeans. Und Batik-T-Shirts. Ich wiederhole dich
nicht.»

Na ja, dachte der Vater.

Paul ist bei schönem Wetter jetzt oft im Volkspark zu finden. Mit den anderen Postpubertisten. Josephine zählt seit einigen Tagen auch dazu. Zur Freude von Paul. Für die Zeit mit dem VW-Bus plant Paul einen Trip nach Amsterdam.

«Da gibt es den Vondelpark», sagte der Vater und schaute ein wenig rückwärtsgewandt.

«Ja, ja», sagte Paul, «verstehe schon, o Kinderzeit, o Jugendglück, für kein Geld der Welt kommst du zurück. Neidisch, was?»

Ja, dachte der Vater.

Aber stolz war er auch auf seinen Sohn. Zum Beispiel, als Paul kürzlich bei einem der raren Männergespräche die Wochenendplanung des Vaters erkundete.

«Und du, Papa», wollte Paul wissen, «was machst du am Sonntag?»

«Spazieren gehen. In Mitte», sagte der Vater.

«Ich auch», sagte Paul, «ich treffe mich mit meinen Freunden am Brecht-Platz. Und dann mal sehen, ob wir

ein wenig über Unter den Linden schlendern, Richtung Alexanderplatz.»

«Das ist auch meine Route», sagte der Vater.

«Ich will ja mal hoffen», sagte Paul, «dass das die Route von jedermann ist am Sonntag.»

«Und auf der Straße marschieren die Rechten», sagte der Vater.

«Aber nicht die Aufrechten», sagte Paul.

Für den Tag hatte die NPD zu einer Kundgebung gerufen. Die Nazis wollten durch Berlin marschieren, am liebsten durch das Brandenburger Tor. Das war ihnen zwar verboten worden, aber grundsätzlich wollten der Vater und viele andere Menschen sich nicht vorstellen, dass die Nazis irgendwo marschierten. Paul wollte sich das offensichtlich auch nicht vorstellen.

«Und zwischen den Rechten auf der Straße und den Aufrechten am Straßenrand gibt es sicherlich so eine Art faschistischen Schutzwall», sagte Paul.

«Hä?», sagte der Vater.

«Na ja», sagte Paul, «die Polizei muss die Faschos ja schützen. Aber lass mal gut sein, ich bin schon auch froh, dass die Polizei da ist.»

«Vielleicht schützt die Polizei die anderen auch einfach nur vor dem Anblick der Rechten. Zu hören werden die sicher auch nicht sein. Es wird sicher laut werden. Und dann steigen die wieder in die S-Bahn, und der Spuk ist vorbei.»

«Aber ihnen sagen, dass sie keiner hier haben will und sie sich verpissen sollen, muss man schon. Deswegen gehe ich hin», sagte Paul.

«Und dann?», fragte der Vater.

«Und dann», sagte Paul, «wenn die Luft wieder gut ist
und die Straße nicht mehr dreckig, dann gehen wir
sicherlich noch irgendwohin. Feiern, tanzen, dies und
das.»
«Bis es hell wird, vergnügungssüchtig eben, sag ich
doch.» Der Vater grinste.
Paul auch. «Eigentlich könntest du das Bier zahlen.»
«Die Jugend denkt nur an sich», sagte der Vater. Und
zahlte gerne.

Am Sonntag ging der Vater früh zum Brecht-Platz. Paul
und ein paar Freunde waren schon da. Der Vater war
sehr erstaunt, dass Paul überhaupt so früh aufstehen
kann. Der Demonstrationszug setzte sich in Bewegung.
Der Vater reihte sich irgendwo ein, Paul und seine
Freunde waren nicht mehr zu sehen. Irgendwann
stoppte der Demonstrationszug, die Polizei hatte den
Kundgebungsplatz der Nazis weiträumig abgeriegelt.
Der Vater drängelte sich zur Spitze des Zuges durch.
Plötzlich kam Unruhe auf, einige Demonstranten
versuchten, die Abriegelung zu durchbrechen. Schlä-
gereien, Schreie, o Gott, dachte der Vater, wo ist Paul.
Der Vater sprang in einen Hauseingang. Er versuchte,
Paul auf dem Handy zu erreichen. Paul antwortete
nicht. Der Vater war hilflos. Paul, Paul, dachte er, geh
doch ran. Paul antwortete nicht. Der Vater trat aus dem
Hauseingang, die Polizei hatte die Situation wieder
unter Kontrolle. Der Vater hat einen Ausweis, mit dem
er die Absperrung passieren durfte. Er ging zum Kundgebungsplatz, wo sich die Nazis, eingepfercht von der
Polizei, vor Angst besabberten.

Das Handy klingelte.

«Ich bin's», sagte Paul.

«Endlich, Paul.» Der Vater atmete auf. «Wo bist du?»

«Ich stecke in der Demo, es gab ein bisschen Randale.»

«Oh, Paul», sagte der Vater, «pass auf dich auf, halt dich da raus.»

«Keine Sorge», sagte Paul, «ich halt mich da raus. Wir gehen jetzt zurück und verstopfen die Straßen, damit die Nazi-Ärsche gar nicht marschieren können.»

Der Vater stand sicher hinter dem großen Polizeiaufgebot am Rande der Kundgebung und schaute den Nazi-Ärschen zu. Nach ein, zwei Stunden trat einer von denen ans Mikrophon und sagte, dass ihr Marsch von der Polizei abgesagt wurde. Die Straßen seien verstopft. Er quatschte noch etwas von linken Chaoten, vom Rechtsstaat, der keiner sei. Aber da hörte der Vater schon nicht mehr zu, sondern rief Paul an.

«Paul», sagte er, «die Polizei hat den Ärsche-Marsch gerade abgesagt.»

«Jaaa!», schrie Paul ins Telefon, «Sieg! Wir haben gewonnen!»

Dann hörte der Vater Paul, wie er die Nachricht lautstark weitergab. Der Vater hörte im Hintergrund großen Jubel.

Etwas später, der Vater war sehr erleichtert, rief er Paul noch einmal an.

«Super war das», sagte er, «habt ihr gut gemacht.»

«Ja», sagte Paul, «wir haben gewonnen, die Schweine sind weg.»

«Und was macht ihr jetzt?», fragte der Vater.

«Nun, da die Luft wieder gut ist und die Straße nicht

mehr dreckig», sagte Paul, «gehen wir noch irgendwohin feiern, tanzen, dies und das.»

«Bis es hell wird, vergnügungssüchtig eben.»

«Genau», sagte Paul.

Der Vater lachte.

ANTRIEBSSCHWÄCHE

Beim letzten Männergespräch war auch Bolzenstein dabei, der alte Freund vom Vater. Bolzenstein kannte Paul schon, da konnte Paul noch nicht mal laufen. Weswegen das Geschenk, das Bolzenstein Paul damals machte, auch ein wenig unsinnig war. Das waren nämlich winzige Turnschuhe, die hatte Bolzenstein aus Amerika mitgebracht. Als die Schuhe gepasst hätten, konnte Paul noch nicht laufen. Als er laufen konnte, passten die Schuhe nicht mehr.

Die drei saßen also beim Italiener, Bolzenstein hatte Hunger, der Postpubertist und der Vater hatten schon zu Hause gegessen. «Paul, nimmst du auch noch eine Pizza?», fragte Bolzenstein.

Paul nahm. Nach der Pizza fragte Bolzenstein: «Paul, nimmst du auch noch eine Pizza?»

Paul nahm.

«Fressattacke wie als Pubertist», murmelte der Vater.

«Kurz vor ihrem Ende bäumt sich eine Ära noch einmal auf», sagte Paul.

Der Vater erzählte mehr Bolzenstein als dem Sohn folgende kleine Geschichte: Ein paar Tage zuvor hat er also Paul von der Arbeit aus angerufen. «Du, wir müssen noch einkaufen, ich erledige den Großteil, lauf du rüber zu Reichelt und kauf nur schnell ein Paket Frutti di Mare, tiefgefroren.»

Paul hat gesagt: «Na gut, wenn's sein muss.»

Kurz darauf hat er angerufen. «Haben die nicht, ich habe das ganze Tiefkühlfach abgesucht.»

Dann hat der Vater auch diesen Gang noch gemacht. Im Tiefkühlfach lag das halbe Mittelmeer.

«Mhngmanney», hat Paul gesagt, als der Vater ihm die Meeresfrüchte vor die Nase hielt.

«Ja», sagte der Vater mit einem feinen Lächeln zu seinem Freund Bolzenstein, «die Ära bäumt sich noch einmal auf.»

«Ha, ha», sagte Paul, «sehr witzig der Herr Vater heute mal wieder.»

Ist doch wahr. Als Pubertist hat Paul beim Einkaufen

nie irgendetwas gesehen, selbst dann nicht, wenn es im
Regal vor ihm lag. Damals hatte der Vater sich eigentlich geschworen, niemals den Satz zu sagen: «Dann
mach ich es eben selber.» Aber selber gemacht hat er
doch immer wieder. Dass diese Attacken auch noch
beim Postpubertisten vorkommen – der Vater könnte
aus der Haut fahren. Der Vater fährt zurzeit allerdings
leicht aus der Haut. Gut, die Mutter auch. Aber jeder für
sich. «Ihr geht mir auf die Nerven», sagte Paul, «beide»,
als die Sprache darauf kam.
Bolzenstein schaute betreten, er kennt die Mutter ja
nun auch schon viele Jahre.
Paul mochte nicht weiter über das Thema reden. Paul
erzählte lieber, dass bei ihm in der Schule jetzt obliga-
torische Workshops angeboten werden, «Workshops,
so was stammt doch aus eurer Zeit», sagte er zu Bolzenstein und dem Vater. «Genau», sagte der Vater, «krea-
tives Husten in der Toskana und Schamanen-Workshops
in Umbrien.»
«Habt ihr da etwa mitgemacht?»
«Hast du einen Vogel», sagte Bolzenstein, «ich kann
noch nicht mal töpfern.»
«Ich auch nicht», sagte der Vater.
«Dann ist ja gut, dann brauche ich wohl auch nicht
in den Märchen-Workshop und nicht zum Workshop
‹Luststeigerndes Essen›.»
«Hört sich aber interessant an», sagte Bolzenstein,
«‹Luststeigerndes Essen›.»
«Habt ihr vielleicht nötig», sagte Paul, «in eurem Alter,
ich brauche kein Essen für meine Lust.»
«Aha», sagte der Vater, «deshalb die Fressattacke.»

Paul ging darauf nicht ein. «Käserei», sagte er, «Käseher-stellung wird nämlich auch angeboten, und besonders reizend finde ich die Bastelgruppe.»

«Hä», sagte der Vater, «für die kleinen Schüler?»

«Nein, wird für die gesamte Schule angeboten.»

«Und was bastelt ihr?», fragte Bolzenstein.

«Eine Federtasche aus Holz», sagte Paul.

«Nee, ne», sagte der Vater.

«Doch, ja», sagte Paul.

«Und Stricken im Bundestag steht auch auf dem Pro-gramm?», fragte der Vater.

«Nein, aber ein Skat- und Doppelkopf-Workshop», sagte Paul, «und an dem nehme ich teil.»

«Kluger Bub», sagte Bolzenstein, «das Bier zahle ich.»

Mitunter gehen die Männergespräche weniger harmo-nisch aus. Es sei dahingestellt, ob das immer an der derzeitigen Reizbarkeit des Vaters liegt. Kürzlich hatten der Vater und Paul sogar einen richtigen Streit. Der Postpubertist will eigentlich den Führerschein machen. Er hat ja schon früher von seinem Traum berichtet: mit dem VW-Bus durch Europa, vornehmlich nach Hol-land.

«Warum ausgerechnet Holland?», hat der Vater gefragt. Paul hat gegrinst. Und der Vater hat gewusst, warum Hol-land.

«Paul», hat er gesagt, «übertreibt es nicht mit dem Inha-lieren aromatischer Kräuter.»

Paul hat nur abgewunken.

Dann hat er sich bei der Fahrschule angemeldet. Und das war's. Er hat sich angemeldet. Mehr nicht. Wochen-

lang ging das so: «Paul, wann hast du deine erste Fahrstunde?», fragt der Vater.

«Ja, ja», sagt Paul.

«Was, jaja? Wann ist jaja?», fragt der Vater.

«Ja, ja, mache ich schon», sagt Paul.

Tagtäglich. Paul macht nicht, Paul hängt mit seinen
Mitpostpubertisten im Volkspark ab. «Mir kann es ja
egal sein», sagt der Vater, «dann eben Volkspark statt
Volkswagen und Volkspark statt Vondelpark.»

Es ist ihm aber nicht egal, es ist dem Vater ganz entschieden nicht egal. Leider ist es aber so, dass von den in der
Zeit des Pubertisten kaum mehr vorhandenen väterlichen
Einflussmöglichkeiten in der Zeit des Postpubertisten gar
nichts mehr übrig ist. «Paul», sagt der Vater, «wann hast
du deine erste Fahrstunde?»

«Ja, ja», sagt Paul, und es geht wieder von vorne los.

«Paul, ich verstehe das nicht. Du willst doch den Führerschein. Du wirst bald achtzehn.»

«Ja, ja», sagt Paul.

So eine Antriebsschwäche beim Postpubertisten ist im Üb-
rigen kein Einzelfall. Die Postpubertistin einer Kollegin
des Vaters kommt auch nicht in die Gänge.

Und dann ist der Vater auf der Palme, ist schier geplatzt.
Das hilft aber auch nicht, wie beim Pubertisten hilft auch
beim Postpubertisten keine Pädagogik, es helfen keine
Strafen, kein Gebrüll, kein gutes Zureden. Vielleicht hätte
die Methode des Lesers K. geholfen, aber die Trittleiter
war nicht zur Hand.

Und nun macht Paul plötzlich. Der Vater weiß weder,
was ihn dann doch bewogen hat, noch, was ihn vorher

so lange hat zögern lassen, vielleicht die Turbulenzen der Eltern, gewiss auch die aromatischen Kräuter.

Aber nun macht Paul.

Er berichtet Wunderliches. Bisher hockte Paul behütet im Kreis seiner Kumpel, kannte seine Lehrer, die Freunde des Vaters, die der Mutter. Die störenden Schattenseiten des Lebens kannte er noch nicht. Vom Erste-Hilfe-Kursus kam Paul entnervt zurück. «Ein Tag meines Lebens verschwendet», schimpfte er, «und das bei dem Wetter. Ich wäre besser in den Volkspark gegangen, als mir das anzutun.»

«Ja, ja», sagte der Vater, «man lernt nicht wirklich was.»

«Doch, dass es Schwätzer gibt und Wichtigtuer, die alles schon gesehen haben, alles können, aber nur mit dem Mund.»

Im Kurs war wohl so ein Typ gewesen, einer, der schon alle Unfälle gesehen hat, alle Erste-Hilfe-Maßnahmen eingeleitet hat, alle Operationen durchgeführt, «sieben Stunden, sieben Stunden», sagte Paul, «sieben Stunden habe ich da rumgehangen wegen diesem Schwätzer.»

«Du meinst, da war ein Pubertist», sagte der Vater. Aber Paul fand das nicht lustig.

Dann kam er von der Theoriestunde. «Ich weiß jetzt, was tangentiales Fahren ist», sagte Paul.

Der Vater wusste das nicht. «Berührung im Straßenverkehr? Ist das eine Crash-Schule?»

«Sehr witzig», sagte Paul, «das ist, wenn zwei Autos voreinander abbiegen. Der Fahrlehrer meinte, dass tangentiales Fahren aus dem Amerikanischen kommt.»

«Wohl eher nicht», sagte der Vater.

«Wohl eher aus Amerika.» Paul grinste. Und also waren sich der Postpubertist und der Vater wieder einig.

Ansonsten hilft Paul derzeit. Dass Paul lange schläft in den Ferien, ist bekannt. Zum Beispiel wollte er morgens mit dem Vater ein Regal aufbauen. Also an Pauls Morgen. Der beginnt in etwa gegen 16 Uhr 30. Auch muss noch ein Duschvorhang montiert werden und eine Wand verspachtelt. Mit dem handwerklichen Geschick des Vaters ist es nicht so doll. Mit Pauls Geduld beim Handwerkern auch nicht. Aber vielleicht liegt es auch an den schweren Turbulenzen, die die Familie gerade durchrast. Die Mutter hat dieser Tage daheim sogar den Hackbraten im Ofen vergessen, bis er schwarz war.
«Wenn mir das passiert wäre», sagt Paul.
Wenn Paul beim Regalbauen hilft, hat er eine Stunde Zeit. Dann muss er zur Fahrschule. Das Regal muss schleunigst fertig werden, die Bücher müssen aus den Kisten. Die Kisten stehen in der Kammer, in der die Wand noch verspachtelt werden muss, an die dann ein Regal kommt für Kleider. «Noch hast du ja was zum Anziehen», sagt Paul.
Der Duschvorhang muss außerdem an der Decke befestigt werden. Die Decke ist aus Rigips. In Rigips hält kein herkömmlicher Dübel.
«Ich kauf einen Hohlraumdübel», sagt der Vater.
«Dann bin ich aber weg», sagt Paul.
«Dann kann ich den Duschvorhang nicht aufhängen, die Decke ist zu hoch.» Ins Bad passt keine Leiter.
«Meine Fahrstunde», sagt Paul, «richtet sich nicht nach deiner Körpergröße.»
«Mhngmanney», sagt der Vater.
«Dann duschst du dich eben ein paar Tage nicht», sagt Paul.

Anfangs war Paul entsetzt, dass das Leben so brutal sein kann.

«Das bleibt ja hier wohl nur ein Provisorium», sagte er zur neuen Wohnung des Vaters. Dann gab es ein paar positive Signale vom Vater und der Mutter.

«Schau, Papa», sagte Paul, «wir machen es so, du machst jetzt erst einmal die Wohnung schön, dann kriegt ihr beide euch wieder ein. Und dann bekomme ich die Wohnung.» Sprach's und verschwand in die Nacht. Manchmal sind Postpubertisten Pragmatiker.

DUELLE

Vor ein paar Tagen war Paul mit drei anderen Postpubertisten in Amsterdam. Ohne VW-Bus. Noch ist Paul keine achtzehn, noch hat er auch nicht den Führerschein, aber immerhin, er hat begonnen. Abfahrt war um sieben Uhr in der Früh. Am Abend zuvor hatte Paul mit Anton dessen Volljährigkeit gefeiert. Am Morgen musste sich Paul übergeben. Mehrfach.
Die Mutter wollte Paul zum Bahnhof bringen. Mit Zelt, Rucksack, Schlafsack. Beim Verlassen der Wohnung hat die Mutter aus alter Gewohnheit zu Paul gesagt: «Paul, hast du auch alles?»
Und Paul hat aus alter Gewohnheit gesagt: «Ja, mhng-manney, nerv nicht so mitten in der Nacht.»
Auf dem Bahnsteig sagte Paul: «Ich habe das Zelt in meinem Zimmer vergessen.»
Die Mutter sagte: «Nee, ne.»
Paul sagte: «Doch, ja.»
Der Vater schlug, als er später von der Geschichte erfuhr, die Hände über dem Kopf zusammen, «wann hört das auf, wann hört das auf», stammelte er.
Die Mutter raste zum Auto. Die Mutter raste durch die Stadt. Die Mutter schnaubte die Treppe hoch, schnappte

sich das Zelt, sprang die Treppe runter. Sie raste durch die Stadt. Sie sprang auf den Bahnsteig. Da rollte der Zug ein.

«Na also, geht doch», sagte Paul. Eine Stunde später schnaubte die Mutter immer noch. «Jetzt, wo er fast volljährig ist, hätte er sich eigentlich selber kümmern müssen», fand die Mutter. Da waren sich die Mutter und der Vater mal wieder einig.

Ein paar Tage danach, es war ein Sonntag, telefonierte der Vater mit Paul. «Amsterdam ist der Hammer», sagte Paul, «und all die interessanten Shops mit den interessanten Genussmitteln.»
«Übertreibt es nicht», warnte der Vater.

«Die heißen hier Koffieshops.»

«Dann trinkt da auch ab und zu mal Kaffee», sagte der Vater.

«Jetzt übertreib aber nicht», sagte Paul.

«Melde dich hin und wieder», sagte der Vater.

«Ja, klar.»

Am Mittwoch rief die Mutter beim Vater an. «Sag, wann hast du eigentlich das letzte Mal etwas von Paul gehört?»

Der Vater sagte, dass das Sonntag gewesen sei und dass er auch schon versucht habe, Paul zu erreichen, aber anscheinend sei der Akku von dessen Handy leer. Die Akkus der anderen jungen Männer wohl auch.

Mittwochabend sorgten sich in Berlin ein paar Eltern. Später am Abend war Pauls Akku wieder voll. Der Vater erreichte Paul.

«Hey, hey, hey», sagte Paul, «wozu die Aufregung? Die Akkus waren leer, und außerdem muss ich mich ja nicht täglich melden. Ich bin doch kein Kind mehr.»

Am Montag wird Paul volljährig. Die Eltern müssen sich daran erst noch gewöhnen, dass ihr Kind kein Kind mehr ist, obwohl es doch Sohn bleibt.

Pauls Achtzehnter war dann ein Fest. Paul hatte ein paar Postpubertisten eingeladen. Die Eltern hatten sich verständigen können und die jungen Männer bekocht und bedient, als säßen sie bei Bocuse. Paul strahlte. Am Ende waren die Postpubertisten betrunken. Paul sagte: «Ich bin jetzt groß.»

«Mhngmanney», dachte der Vater.

Die Eltern hatten Paul ein Foto geschenkt. Für das klassische Geschenk zum achtzehnten Geburtstag, das Auto zum Führerschein, reichten die Verhältnisse zu der Zeit nicht. So eine doppelte Haushaltsführung bei gleichzeitigem Hin und Her der Eltern kostet. Nicht nur Nerven, Kraft und Energie, sondern auch Geld.

Auf dem Foto war ein Motorroller, eine Vespa, vierundzwanzig Jahre alt, gut erhalten, sie musste nur noch bei eBay ersteigert werden.

Paul sagte: «Nee, ne.»

Später am Abend sagte Mitpostpubertist Markus: «Und wenn ich demnächst betrunken bin, kannst du mich mit der Vespa nach Hause fahren.»

Paul sagte: «Das wird nicht gehen. Weil, wenn du betrunken bist, ist die Wahrscheinlichkeit groß, dass ich es auch bin.»

«Das wird auch nüchtern noch nicht gehen», sagte der Vater, «weil du deinen Führerschein noch nicht hast.»

«Ja, ja», sagte Paul, «den mache ich schon.» Die Ausbildung zog sich etwas in die Länge, aber der Vater wollte an diesem Tag nicht streiten.

Und dann waren die Mutter und der Vater ein paar Tage darauf losgefahren, um die Vespa tief im Westen abzuholen. Der Vater hatte morgens um zwei den Zuschlag erhalten, für den Preis von zwei Auto-Tankfüllungen. Da war der Vater sehr merkwürdig gestimmt. Immer hatte er eine Vespa haben wollen. Aber aus irgendwelchen Gründen hatte er sich nie eine zugelegt. Nun, da das Kind groß ist, legt er sich mächtig ins Zeug, um für den Postpubertisten so einen Motorroller zu erwerben. Vielleicht sollte ich langsam mal wieder anfangen, hin und wieder an mich zu denken, hatte der Vater in dieser Nacht gedacht. Aber das lag vielleicht an seiner allgemein sehr sentimentalen Stimmung und vielleicht auch daran, dass die Rotweinflasche leer war.

Es war eine lustige Fahrt tief in den Westen. Der Vater hatte die Vespa getestet, sie fuhr gut, heißa, das machte Spaß. Und als die Mutter und der Vater die Vespa auf dem Transporter festgezurrt hatten, kippte sie schon in der ersten Kurve um. Die Eltern zurrten erneut. Die Mutter lachte. Der Vater sagte: «So gelassen kenne ich dich gar nicht.»

Die Mutter sagte: «Was tut man nicht alles für ein glockenhelles Kinderlachen.»

93

Eltern, dachte der Vater, tun sich viel schwerer mit der Abnabelung als Postpubertisten.

Paul stand vor der Haustür, als die Eltern ankamen, und half, die Vespa abzuladen. Und dann stand sie da. Paul sagte: «Nee, ne.»

Paul, der Große, machte große Kinderaugen, wie damals, als die Eltern ihm die Brio-Bahn geschenkt hatten. Oder wie ein Jahr davor, als Phini in Pauls Leben trat, Phini, der kuschelige Delfin, der immer noch neben Pauls Bett aufpasst. «Nee, ne», sagte Paul noch einmal.

Die Mutter schluckte.

Der Vater guckte.

Paul sagte: «Ey, Alter, das ist meine Vespa, und wenn du damit fahren willst, musst du mich um Erlaubnis fragen.»

Der Vater fragte: «Darf ich mal?»

«Klar, Papa, aber nur mit Helm.»

Der Vater sagte: «So vernünftig kenne ich dich gar nicht.»

«Das legt sich schon wieder.»

Und dann schluckte der Vater. «Und unsere Männergespräche ...»

«Die finden natürlich weiter statt», erwiderte Paul, «entweder mit Vespa und dann ohne Bier – oder mit Bier, dann ohne Vespa.»

«Paul, Paul», sagte der Vater, «du verblüffst mich doch immer wieder.»

Dann schluckte er noch einmal.

Früher, als Paul noch Pubertist war, haben er und der Vater immer mal wieder Billard gegeneinander gespielt. Das hat sich verloren, warum auch immer, sie spielen nur noch selten.

Es wird aber wohl bald zur Wiederaufnahme kommen. Ein Kollege des Vaters drängt auf den Show-down. Auf der einen Seite wird der Kollege stehen, an seiner Seite sein Pubertist, auf der anderen der Vater, an seiner Seite sein Postpubertist. Wahrscheinlich werden sich die Duellanten in die Augen starren, das heißt, Paul, der Postpubertist, dem Kollegen, der ist auch ziemlich lang. Und der Vater dem kleinen Pubertisten: wegen der gleichen Augenhöhe. Die Waffen werden die Queues sein, das Schlachtfeld ein Billardtisch.

Unlängst beim Männergespräch erzählte der Vater Paul von des Kollegen Herausforderung. Das war einer der seltenen Billardabende. Wenn man so will, befanden sich Paul und der Vater im Trainingslager. Paul, der gerade zum Stoß ansetzte, schaute auf und hob die Augenbraue. «Wie gut ist dein Kollege?», fragte er.

«Weiß nicht, so wie ich.»

«Und der Sohn ist Pubertist?»

«In der schlimmsten Phase», sagte der Vater, «wird gerade fünfzehn.»

«Dürfte schwer werden für die beiden», sagte Paul. Dann setzte er zum Stoß an, ein langer Ball über Bande. Ruhig und punktgenau fiel die Kugel ins Loch. «Weißt du, Papa, das kann man nicht lernen.»

«Angeber», sagte der Vater, «das kann aber Zufall sein.» Aber es war so weitergegangen, die Zeiten, in denen der Vater pädagogisch verlor, damit der Bub bei Laune blieb, sind längst vorbei. Auch wenn die Kneipe, in der die beiden spielen, dem Vater so eine Art Heimvorteil verschafft. Sie sieht so aus, wie die Kneipen aussahen, als der Vater Pubertist war. Mutmaßlich so seit 1970 ist nicht mehr renoviert worden, verraucht, abgewetzte Teppiche, und am Tresen hocken welche, die die Wasserwerfer und den Rudi noch persönlich gekannt haben. Aber der Heimvorteil ist gering für den Vater, Paul fühlt sich ja bekanntlich in vielerlei Hinsicht diesen Zeiten verpflichtet.

«Sollen nur kommen», sagte Paul. Aus irgendwelchen Gründen ist das große Duell dann nie zustande gekommen.

Der sportliche Wert von Billard ist sehr gering. Eine halbe Rumpfbeuge über den Tisch beim Stoß, eine Nackenbeuge beim Trinken des Bieres, das war es schon.

Gelegentlich spielen Paul und der Vater jetzt Squash. Der Vater hat das mal exzessiv betrieben. Das ist allerdings fünfzehn Jahre und ungezählte Zigaretten her. Gewisse Grundkenntnisse sind aber noch vorhanden. Die spielt der Vater gnadenlos aus.

«Du Arsch!», rief Paul beim ersten Mal im Squash-Court, als der Vater ihm den Ball elegant ins Eck platzierte.

«Hört, hört, spricht man so mit einem liebenden Vater?»

«Doch, doch», sagte Paul, «wenn der liebende Vater den Ball spielt wie ein Rabenvater.»

Nun, da Paul volljährig ist, dachte der Vater, ist pädagogisches Verlieren wohl nicht mehr nötig. «Lauf halt, Bub», sagte er.

Beim dritten Mal im Court bildeten sich Schweißtropfen auf der Stirn des Vaters. Der Bub lief. Der Vater vertraute auf die Routine.

Nach dem fünften Mal grinste Paul den schnaufenden, aber siegreichen Vater an. «Bald haue ich dir die Bälle um die Ohren.»

«Du Arsch!», rief der Vater beim sechsten Mal, als Paul ihm den Ball besonders perfide ins Eck gepfuscht hatte.

«Hört, hört, spricht man so mit einem liebenden Sohn?»

«Doch, doch», schnaubte der Vater, «wenn der liebende Sohn spielt wie missratene Brut.»

«Ich spiele», sagte Paul, «wie ich es gelehrt wurde. Selber schuld.»

«Du spielst», sagte der Vater, «wie ein Pubertist.»

«Hä», sagte Paul.

«Immer auf deinen Vorteil bedacht», sagte der Vater.

«Der Fluch der guten Tat», sagte Paul.

Als die Atmung wiederhergestellt war, sagte der Vater: «Du, lass uns doch auch mal wieder ins Kino gehen. Kino ist sowieso viel gesünder für die Gelenke.»

«Weichei», entgegnete Paul, «ich kann ja demnächst mal therapeutisch verlieren.»

Der Vater wird jetzt zusätzlich trainieren müssen. Die Uhr tickt.

FAHRSCHULE

Dieser Tage hat Paul seinen derzeitigen Stand in Mathe erfahren. Ist nicht so toll.

«Das Minus hinter der Vier muss ich noch wegkriegen, fünf Punkte sind besser als vier», sagte Paul. Integralrechnung und Flächenberechnung unter Kurven. «Wenn ich es endlich mal kapiert habe, habe ich es am nächsten Tag wieder vergessen.»

«Ja», sagte der Vater, «dann wäre es ratsam, nach dem Kapieren zehn-, fünfzehnmal zu üben, danach hast du es intus.»

Paul hob die Augenbraue. «Ein weiser Rat aus berufenem Mund», sagte er.

Der Vater hob die Augenbraue.

«Hast du es so gemacht?», fragte Paul.

«Na klar», sagte der Vater.

«Papa, nun kenn ich ja deine Zeugnisse. Und wenn du es so gemacht hast, dann hat es wohl nicht geklappt. Mit meiner Methode habe ich einen Mathepunkt mehr als du im Abitur.»

«Aber ich habe es schon», sagte der Vater.

«Was?», fragte Paul.

«Das Abitur.»

«Ich bin nie sitzengeblieben», sagte Paul, «erinnere ich richtig, dass erzählt wurde, es sei in deiner Schullaufbahn nicht so leicht und locker und zügig gewesen wie bei mir?»

«Es ist nicht gut», sagte der Vater, «wenn Kinder alles nachmachen, es muss schon eine eigene Entwicklung geben.»

«Eben.»

Der Vater schwieg und zog an seiner Zigarre. Per Zufall hatte er gerade an einem Zigarrenseminar teilgenommen und sechs Coronas geschenkt bekommen, hecho totalmente a mano, also handgemacht.

«Super», hatte Paul gesagt, «dann kann ich auch eine haben.» Und dann saßen der ältere Mann und der jüngere Mann beim Männergespräch und pafften Corona.

«Sieh zu, dass du das Minus hinter der Vier wegkriegst», sagte der Vater, «da wird schnell eine Fünf draus.»

Paul blies den Rauch aus. «Du weißt ja, wovon du redest.»

Der Vater schwieg.

«Lass dir mal Cohiba schenken, der alte Kanzler hat auch Cohiba geraucht.»

«Vielleicht ist er es deswegen nicht mehr», sagte der Vater.

Paul war auf den Regierungswechsel vor ein paar Jahren immer noch nicht gut zu sprechen. Dem war Pauls erste Wahl vorausgegangen.

«Mein Wählerauftrag wurde nicht erfüllt», sagte Paul.

«So kann es gehen», sagte der Vater.

«Koalition stand aber nicht auf meinem Wahlschein», beharrte Paul.

«Sonst stehst du doch immer auf Jamaika», sagte der Vater.

«Aber nicht in der Politik, Gelb ist irgendwie gar nichts, wie bei der Ampel: nichts Halbes und nichts Ganzes.»

«Oha, der Herr Sohn hat aufgepasst in der Fahrschule.»

«Sehr witzig, der Herr Vater, sehr witzig. Ich habe Gelb nicht gewählt.»

«Ich fürchte», sagte der Vater, «die Sache ist etwas komplizierter, etwa wie bei der Integralrechnung.»

Paul schnaubte. «Integralgeometrie fragt: Gibt es zu einer Menge von gewissen Objekten einer differenzierbaren Mannigfaltigkeit ein Maß, und wenn ja, wie kann es bestimmt werden?»

Der Vater hob die Augenbraue. «Geht doch», sagte er.

«Was weißt du davon», sagte Paul.

«Das ist halt die Suche nach dem Konsens.»

«Respekt», sagte Paul, «und was heißt das jetzt für meine Mathenote?»

«Na gut», sagte der Vater, «einigen wir uns auf die Vier minus.»

Beim Thema Fahrschule ist Paul schwer genervt zurzeit. Der Verdacht erhärtet sich, dass die Fahrschule seine Ausbildung künstlich in die Länge zieht. Anfangs hatte der Vater noch gemutmaßt, es läge an Pauls Trägheitsmoment, an seiner Antriebsschwäche. Aber dann war er mal mit Paul in der ehemaligen Ruine mit Acker, woraus inzwischen eine Art Bauernhaus mit Wiese und Gemüsegarten und Saunahäuschen geworden war, und hat Paul dort auf stillen, kleinen Nebenstraßen fahren

lassen. Das hat ganz gut geklappt. Bis der Vater sagte:
«So, jetzt dreh mal.»
Es war ein asphaltierter Waldweg, schmal, aber mit drei
Zügen war die Drehung zu bewältigen.
Paul schaute streng. Schweiß trat auf seine Stirn.
«Paul, was ist», sagte der Vater, «nun mach.»
Paul kurbelte das Lenkrad nach links. Paul fuhr an. Das
heißt, er wollte anfahren, aber dann würgte er den Motor
ab.
«Hä», sagte der Vater.
«Was denn, was denn», sagte Paul, «kann doch mal passie-
ren.»
«Ja, ja, aber doch nicht mehr nach der zwölften oder so
Fahrstunde.»
«Jetzt lass mich in Ruhe, ich bin nervös.»
Paul war nervös.
Paul startete den Motor neu.
Er fuhr wieder an, diesmal rollte der Wagen los. Paul
fuhr nach links. Paul verließ den asphaltierten Teil der
Straße.
«Wo willst du hin», sagte der Vater, «ich dachte, wir woll-
ten die Fichte da vorne stehen lassen.»
«Ja, aber», sagte Paul, «ich soll doch wenden.»
«Aber doch nicht durch Rodung des Waldes.»
«Mhngmanney», sagte Paul, «keine Ahnung.» Aber dies-
mal war «keine Ahnung» kein Ausdruck der Gelassenheit
eines Postpubertisten. Panik stand in Pauls Gesicht ge-
schrieben.
«Ruhig, Brauner», sagte der Vater.
«Jetzt lass den Scheiß», sagte Paul, «erklär mir lieber, was
ich machen muss.»

«Dann fahr jetzt zurück», sagte der Vater, «und schlag das Lenkrad in die Gegenrichtung.»

«Ich bin noch nie rückwärtsgefahren», sagte Paul.

Und das war dann der Moment, in dem der Vater begriff, dass die Fahrschullernschwäche wohl nicht an Paul lag. Fahrschulen haben ja schon etwas Allmächtiges, dachte sich der Vater. Der erste Fahrlehrer hat sich mehr mit seinem Hund auf dem Rücksitz als mit Pauls Fahrkünsten beschäftigt. Das war aber insofern nicht schlimm, weil Paul eh nicht fuhr, sondern sich einen Vortrag des Fahrlehrers anhörte, wie ein Auto theoretisch funktioniert. Beim zweiten Fahrlehrer, der nach Pauls Reklamation nun die Schulung leitete, fuhr Paul, kam aber trotzdem nicht richtig voran. Paul hat wohl mehrfach diverse Fahrübungen angemahnt, aber nur «kommt schon noch, Geduld, Geduld» zu hören bekommen. Andererseits schien die Fahrschule finanziell sehr klamm zu sein. Als Paul einmal krank war und die Fahrstunde absagen wollte, hieß es, das ginge nur drei Tage vorher, und Atteste vom Arzt, «nein, die akzeptieren wir nicht, man weiß ja, wie man an Atteste kommt», bezahlen müsse er die Stunde auf jeden Fall.

Der Vater hat die Stirn gerunzelt. «Na ja, damit dürften die wohl nicht durchkommen», hat er gesagt, «in der Regel weiß man ja nicht drei Tage vorher, dass man drei Tage später mit Fieber im Bett liegt.»

«Das habe ich denen auch gesagt», hat Paul gesagt, «und zwar wortwörtlich. Das haben die aber nicht kapiert.»

Aber soll man sich noch einmischen in die Belange des volljährigen Postpubertisten? «Willst du, dass ich mal da anrufe?», fragte der Vater.

«Und dann dauert es noch länger und kostet noch mehr Geld. Das regele ich schon selber.»

«Ich zahl das Bier ja schon», sagte der Vater, «keine Sorge.» Eigeninitiative ist etwas, was man als Vater stets befördern sollte, auch beim Postpubertisten.

«Ich brauche trotzdem einen Job», sagte Paul, «ein, zwei Tage die Woche, neben der Schule schaffe ich das.»

Der Vater hat an seine Schulzeit gedacht, an seine Ferienjobs und daran, dass die so üppig zu haben waren, dass er und seine Kumpels sich erlauben konnten, Jobangebote für unter zehn Mark die Stunde lächelnd und dankend abzulehnen. Dann, später, mit Führerschein, ist es noch leichter gewesen. «Löblich, dein Vorsatz», sagte der Vater, «dann lernst du auch mal die Arbeitswelt kennen, bisher kennst du ja nur Lehrer.»

«Find erst einmal einen Job», sagte Paul, «ich habe in Kneipen gefragt, im Supermarkt, beim Buchladen, die brauchen niemand.»

Paul schaute streng, finster geradezu. «Erwachsen sein ist Mist, erst kriege ich meinen Wählerwillen nicht, dann keinen Job, und außerdem zieht mich die Fahrschule über den Tisch.»

Der November naht, dachte der Vater, das Grauen ist schon da.

Mit dem Kennenlernen der Arbeitswelt würde es also noch ein wenig dauern. Deswegen war es schon erstaunlich, dass Paul ein paar Tage später vor dem Vater stand und sich beschwerte. «Mit deiner Zeitung stimmt was nicht», sagte Paul.

«Seit wann liest du Zeitung?», fragte der Vater.

«Ha, ha, sehr witzig. Neulich stand da, dass kaum noch einer krank ist, wenn er krank ist. Das kann nicht sein.»

«So, so», sagte der Vater.

«Ich kenne Menschen», sagte Paul, «die sogar krank sind, wenn sie gar nicht krank sind. So oft, wie die krank sind, kann man gar nicht krank sein, das müsste man ja schon tot nennen.»

Der Vater ahnte, was kommt, und auch, dass er, wenn er das aufschreibt, wieder böse Briefe von Lehrern bekommt.

«Schau», sagte Paul, «am 8. August hat die Schule nach den Sommerferien wieder angefangen, und seitdem hatten wir praktisch keinen Tag, an dem nicht irgendwas ausgefallen ist.»

«Und das stört dich.» Der Vater schöpfte Hoffnung.

«Nö», sagte Paul, «aber die Warterei auf die nächste Stunde nervt.»

«Warum soll es euch anders gehen als dem ganzen Land», sagte der Vater.

«Chaostage überall», sagte Paul, «das Land wartet auf eine Regierung und wir auf Unterricht.»

«Na ja, nicht wirklich, oder? Sonst würdet ihr in den Freistunden lernen statt warten.»

«Stimmt», sagte Paul, «so hast es ja du gemacht, ich vergaß.»

«Ha, ha, sehr witzig», sagte der Vater.

«Und in der Volkshochschule habt ihr euch auch noch weitergebildet, wenn der Unterricht ausgefallen ist, deswegen warst du ja auch ein so überragender Schüler. Hat immer gelernt, der Herr Vater.»

«Ph», sagte der Vater, «du kannst es ja besser machen und eigeninitiativ werden.»

«Ja genau, ich bestelle jetzt eigeninitiativ noch zwei Bier.»

«Und ich zahle, oder», sagte der Vater.

«Genau.»

«Das Land ist aus den Fugen», sagte der Vater.

Paul hat dann den Ärger mit der Fahrschule selbst geregelt. Ein untrügliches Zeichen dafür, dass der Postpubertismus bei ihm weiter voranschreitet. Er hat einfach in der Zeitung über seine Erfahrung mit dieser Fahrschule geschrieben. Die Fahrschule hat er zwar nicht namentlich erwähnt, aber die handelnden Personen haben sich trotzdem wiedererkannt. Und sich natürlich beschwert. Wollten sogar klagen, weswegen der Vater dann doch auch noch initiativ werden musste. Es haben sich dann bei Paul und beim Vater ein paar Menschen gemeldet, die die gleichen Erfahrungen mit dieser Fahrschule gemacht hatten. Die dubiosen Herrschaften haben von einer Klage abgesehen und Paul lieber aus seinem Vertrag entlassen.

«Mist», sagt Paul.

«Aber wieso denn?», fragt der Vater.

«Weil ich mir jetzt eine neue Fahrschule suchen muss, weil ich immer noch keinen Führerschein habe, weil die Vespa immer noch unbenutzt rumsteht …»

«… kann ich ja fahren», sagt der Vater.

«… weil der Herr Vater nur an sich denkt und ich immer noch keinen Job habe. Postpubertist sein ist scheiße.»

«Wem sagst du das», sagt der Vater, «wem sagst du das.»

TEMPI PASSATI

Die Ärzte haben dem Vater gesagt, dass Schluss sein muss. «Tja», sagte Paul, «Zeit wurde es.»

«Mhngmanney», sagte der Vater, «ich habe es gerne gemacht.»

Paul schaute. «Und was ist so toll am Rauchen?»

«Ach, Paul», sagte der Vater, «vielleicht die Unvernunft?»

«Und Unvernunft ist eine Tugend? Super Tugend, wenn sie der Gesundheit schadet.»

«Aus dem Munde des postpubertistischen Kräuterfreundes klingt ‹Vernunft› etwas seltsam», sagte der Vater.

Die beiden saßen beim Männergespräch zusammen. Sie tranken Bier. Der ältere Mann und der jüngere Mann schwiegen eine Weile.

«Du rauchst doch selber», sagte der Vater.

«Ab und zu mal», wehrte Paul ab.

«Die aromatischen Kräuter ab und zu mal zu oft.»

«Mhmmm.»

Der Vater zuckte nach einer Zigarettenschachtel, die nicht auf dem Tisch lag.

«Ruhig, Brauner», sagte Paul.

«Ich bin nicht braun», erwiderte der Vater, «meine Haarfarbe ist blond, mittelblond.»

«Sorry, habe ich nicht gesehen, ist ja auch nicht zu sehen.»

«Also jetzt hört es ja wohl auf», der Vater wurde ein wenig lauter, «ich habe noch keine Glatze.»

Paul fasste dem Vater an die Schläfe. «Geheimratsecken nennt man das wohl.»

«Du werd erst mal Geheimrat», sagte der Vater.

«Okay», sagte Paul, «aber mit vollem Haar.»

Pauls Dreadlocks waren jetzt wirklich ausgewachsen.

«Die fallen dir auch schon noch aus», sagte der Vater.

«Vorher schneide ich sie mir ab», sagte Paul.

«Wie jetzt, nicht mehr angesagt, Dreads, Bob Marley, Jamaika, Koffieshops, Kiffen?»

«Über die Dreads denke ich nach», sagte Paul, «der Rest ist noch.»

Der Vater zuckte wieder nach der Zigarettenschachtel, die nicht auf dem Tisch lag.

«Ruhig, Schimmel», sagte Paul.

«Sehr witzig», sagte der Vater. «Wenn du jetzt meine Erziehung und Entwöhnung übernimmst, können wir den Stab auch gleich übergeben.»

«Hä, du meinst, ich arbeite jetzt, und du hängst im Volkspark ab?»

«Wäre nicht das Schlechteste», sagte der Vater, «ich nehme im Park aromatische Kräuter ein, und du arbeitest, damit ich die Kräuter auch kaufen kann.»

«He, he, he, alter Wein in neuen Schläuchen, oder wie heißt das? Meinst du nicht, dass das lächerlich wirkt? Papa als Althippie im Volkspark?»

«Muss ja nicht der Volkspark sein, kann ja auch ein See sein, Schlachtensee vielleicht.»

«An, auf oder in», sagte Paul.

«Auf wäre nicht ratsam», sagte der Vater, «das Eis ist zu dünn.»

«Das wäre mal unvernünftig», sagte Paul, «und unvernünftig wärst du doch so gerne.»

«Ha, ha», entgegnete der Vater, «sehr lustig heute wieder, der Herr Sohn.» Er inhalierte den Rauch einer Zigarette, die nicht da war.

«Phantomschmerz», sagte Paul, «der vergeht.»

«Ach, du bist so rührend», sagte der Vater, «und voller Verständnis. Ein liebender Sohn.»

«Eben, deswegen will ich ja auch, dass du aufhörst mit der ungesunden Unvernunft.»

«Mhngmanney», sagte der Vater.

«Und wenn der Phantomschmerz vorbei ist», sagte Paul, «ist das Eis dick, und du hast Luft, um Schlittschuh zu laufen.»

Der Vater drückte die nicht existierende Zigarette im Aschenbecher aus. Postpubertisten können furchtbar vernünftig und nervig sein.

Das mit der Unvernunft ist noch gar nicht so lange her. Manchmal denkt der Vater zurück. Etwa an die Zeit der Weltmeisterschaft. O ja, da war auch Paul komplett unvernünftig hingerissen.

«Du, Papa», hatte Paul damals gesagt, «wäre cool, wenn du Karten fürs Finale besorgen könntest.»

«Ja», sagte der Vater.

«Was ja?», sagte Paul.

«Ja, wäre cool», sagte der Vater. «Und, wie hättest du es gerne, mit Verlängerung?»

«Ja, okay», sagte Paul, «Deutschland gegen Holland. Die pfuschen sich irgendwie in die Verlängerung, und dann hauen wir sie durch Sonne und Mond.»

«Und die Brasilianer?», fragte der Vater.

«Haben die Holländer im Halbfinale weggepfuscht.»

«Und die Argentinier?», fragte der Vater.

«Die haben wir dann im Halbfinale heroisch weggehauen», sagte Paul.

«Kann es sein», mutmaßte der Vater, «dass du, wenn es um Fußball geht, nicht wirklich objektiv bist?»

Paul hatte den Musikrecorder angestellt. «Ich liebe Superskunk, und ich liebe Sauce Special» (dem Vater kam das bekannt vor). «Aber eine Sache gibt's, da bin ich meganational. / Es kam über die Jahre, und jetzt sitzt es ziemlich fest. / Solang's um Fußball geht, hasse ich Holland wie die Pest.»

«Spiel's nochmal», sagte der Vater.

«Also, du kümmerst dich darum», sagte Paul, «Deutschland – Holland, Finale, du, wir gewinnen.»

«Okay, Paul, mache ich. Wird ein Leichtes sein für mich.»

«Gib nicht so an», sagte Paul, «wer ins Finale kommt, darauf hast du ja wohl keinen Einfluss.»

«Das hat ja nun lange gedauert, bis du kapiert hast, genau, ich habe nicht mal Zugriff auf Karten. Bin ich Gott?»

«Früher, als ich noch Kind war, haben Väter alles geschafft», sagte Paul.

«Tempi passati», sagte der Vater.

«Aber durch die Zeitung kommt ihr doch an Karten.»
Der Vater stöhnte. «Wieso glaubt eigentlich alle Welt,
wir würden bevorzugt?»
«Wieso alle Welt?», fragte Paul.

Es waren in diesen Tagen viele Menschen an den Vater
herangetreten. Da waren ihm Angebote gemacht worden. Etwa von einem ihm bekannten Kunsttischler. «Du
brauchst doch bestimmt ein neues Regal», hatte der

gesagt. «Oder einen Esstisch, oder ein Bett, kann man doch immer gebrauchen.»

Der Vater hatte gestutzt. «Nein, brauche ich nicht.»

«Ach, komm», hatte der Kunsttischler gesagt, «kann man doch immer brauchen, baue ich dir, kostet auch nichts.»

Der Vater hatte noch mehr gestutzt, immer noch ahnungslos. «Brasilien – Kroatien», hatte der Tischler gesagt, «besorg mir eine Karte für Brasilien – Kroatien, und ich baue dir, was du willst.»

Paul lachte bei der Erzählung. «Gutes Geschäft, ich würde es machen.»

«Nö», sagte der Vater, «Ukraine – Tunesien, das ist ein Esstisch, Brasilien – Kroatien ist Esstisch plus Stühle.»

«Wucherer», sagte Paul, «und das Finale, was kostet das Finale?»

«Mit Verlängerung?», fragte der Vater.

«Spinner», sagte Paul.

«Ja, ist alles gesponnen, weil ich keine Karten habe. Und hätte ich welche, wären sie unverkäuflich. Die wären für uns.»

«Okay», sagte Paul, «ich zahle die Biere.»

Aber vor dem Fußball war erst noch der runde Geburtstag des Vaters zu feiern gewesen. Der war witzig, der Geburtstag. Der Vater steht total drüber, dass der runde Geburtstag schon sehr rund war. Pilz, der alte Freund des Vaters und Vater von Lene, Pauls Kindergartenfreundin und Mitpostpubertistin, war aus München gekommen, dessen Geburtstag ist noch viel runder, Pilz steht aber auch total drüber. «Ja, ja, ist klar», sagte Paul.

Zusammen mit der Mutter waren die drei erst essen.

Dann, als alles aufgegessen war und vieles ausgetrunken, sagte Paul: «Ich gehe jetzt noch ins ‹Clash›.» Das ist ein bei ihm und seinen Mitpostpubertisten sehr angesagter Club. Paul ist oft da, mit Freunden und Freundinnen. «Ja gut», sagte der Vater, «da können wir doch mitkommen, Kicker spielen.»

Paul lächelte milde. «Von mir aus, aber werdet nicht peinlich und holt euch keine Zerrung am Kicker.»

«Hö, hö», sagte Pilz.

«Gab's in deiner Jugend denn schon Kicker», sagte Paul, «soweit ich weiß, wurden die doch erst kurz vor dem Krieg gebaut.» «Frechheit», sagte Pilz.

Im «Clash» trennten sich zunächst die Generationen. Die Mutter und die älteren Männer gingen zum Tresen, Paul ging zu den anderen jüngeren Männern und Frauen. Beide Generationen tranken Bier. Und noch ein Bier. Die ältere Generation trank noch ein Bier. Pilz und der Vater wurden übermütig. «Auf zum Kicker», sagte Pilz. «Ich spiele hinten», sagte der Vater.

«Wird auch nichts nützen», sagte Paul. Und Pauls Mitspieler sagte, er freue sich auf ein «kommunikatives Spiel». Der erste Ball rollte ein. «Verstehst du, Papa», sagte Paul, «kommunikatives Spiel, ein bisschen tricksen, ein bisschen plaudern, ohne Anstrengung.»

Pilz sagte: «Frechheit.»

Der Vater wehrte ein paar Schüsse ab, Pauls Mitspieler sagte, dass die Reflexe ja noch stimmen, «man nennt mich ‹Die Wand›», sagte der Vater.

«Aha», sagte Paul.

Paul stoppte den Ball, machte irgendwas, es stand 0:1. Der zweite Ball wurde eingerollt, Pauls Mitspieler machte

irgendwas, es stand 0:2. Der dritte Ball, irgendwas, 0:3.
Um es abzukürzen, es wurden noch drei Bälle eingerollt,
am Ende stand es 0:6.

«Schönes Spiel», meinte Pauls Mitspieler.

«Herzlichen Glückwunsch, Papa», sagte Paul.

«Revanche», forderte Pilz.

«Wollt ihr euch das wirklich antun?», fragte Paul.

«Frechheit», sagte der Vater, «wir müssen ja erst mal wieder ins Spiel finden.»

«Ja, ja, ist klar», sagte Paul.

Der erste Ball wurde eingerollt, der zweite, der dritte, der
vierte, der fünfte, der sechste Ball. Dann stand es 0:6 aus
der Sicht von Pilz und dem Vater.

«Mhngmanney», sagte der Vater.

GELD

Paul will heute ins Konzert. Eine Karte hat er noch
nicht, auch als Postpubertist verschiebt Paul mitunter
die Dinge, die er heute besorgen kann, lieber auf übermorgen.

Dann war das Konzert ausverkauft.

«Was die spielen, kommt bei dir doch eh nicht an», sagte
der Vater beim Männergespräch.

«Was verstehst du von Seeed», sagte Paul.

«Immerhin so viel, dass einer ihrer größten Hits ‹Auf-
stehn› hieß», sagte der Vater.

«Ha, ha, sehr witzig mal wieder, der Herr Vater, sehr
witzig.»

Sagte der Vater schon, dass Paul in den Ferien und am
Wochenende schläft, bis die Nacht anbricht?

«Deine Nacht ist mein Tag», sagte Paul zum wiederholten Mal.

Die zeitliche Schnittmenge von Vater und Postpubertist
wird grundsätzlich immer kleiner. Der Postpubertist
lebt sein eigenes Leben. Aus Kindern werden nun mal
Leute. Auch wenn es dem Vater und der Mutter schwer-
fällt, das zu begreifen. «Kommst du zum Essen?», fragte
der Vater.

«Gerne», sagte Paul, «aber erst, wenn es gar ist, vorher habe ich keine Zeit.»

Der Vater runzelte die Stirn.

«Macht ja nichts, dann hast du vielleicht nachher Zeit.»

Paul grinste. «Ich durchschaue dich», sagte er, «aber du musst schon alleine spülen, ich bin nach dem Essen verabredet.» Der Vater runzelte die Stirn noch ein wenig mehr.

Früher, dachte er, als der Postpubertist noch Pubertist war, da war der Egoismus leichter zu ertragen. Da hat man sich gesagt, gut, das vergeht schon, das sind die Hirnlappen, er kann ja nichts dafür. Aber nun sind die Hirnlappen ausgewachsen, haben sich sortiert, die Synapsen sind auch an den Stellen, wo sie hingehören, nur, dass der Postpubertist immer noch Egoist ist, das ist nicht schön.

Das Essen war fertig, Fischfilet im Speckmantel, Paul kam, aß, es schmeckte ihm.

«Zwischen Fisch und Speck ist noch eine Schicht aus püriertem Basilikum und Tomaten», sagte der Vater.

«Ich wusste», sagte Paul, «dass du wieder etwas ins Essen schmuggelst, was ich nicht mag.»

Kulinarisch ist der junge Mann mitunter sehr präpubertär. «Mhngmanney», sagte Paul, «und hinterher heißt es wieder, ich hätte dies und das doch immer gemocht.»

«Nie im Leben», sagte der Vater.

«Immer», sagte Paul, «denk nur ans Kartoffelgratin. Das bekomme ich seit Jahren von euch vorgesetzt, und immer heißt es, ich hätte es beim letzten Mal gemocht.»

«Du hast es immer gegessen», sagte der Vater.

«Nie im Leben», sagte Paul.

«Aber gemocht.»

«Siehst du», sagte Paul, «so seid ihr zu mir.»

Der Vater grinste. «Dann musst du halt früher aufstehen und mitkochen.»

Paul schaute entschlossen «Und genau das werde ich ab jetzt tun, mein Einfluss muss in die Küche.»

Möglicherweise wächst da etwas zusammen, was zusammengehört, dachte der Vater, die zeitliche Schnittmenge von Vater und Postpubertist könnte wachsen. Aber spülen musste er dann doch alleine. Paul ging hinaus in die Nacht und in den Schnee. Es winterte in diesen Tagen. O ja. Und wie es winterte.

Das Auto des Vaters sagte am anderen Morgen – nichts. Das war das schlechte Auto. Ein sehr altes, sehr kleines. Das große, sehr gute, hatte die Mutter. Das Auto sagte keinen Ton. Es blieb aus. Paul. Wo war Paul? Könnte er nicht mal da sein, um dem Vater zu helfen? Die Batterie. Batterien, sagen die Händler, sind in diesem Jahr der Renner. Der Vater stieg aus dem Auto aus. Ratsch machte der Reißverschluss der Winterjacke, und der Schlitten des Verschlusses flog in den Matsch. Es schneite. Natürlich schneite es. Der Schnee fiel dem Vater in den Kragen. Dort schmolz er und rann den Rücken hinunter. Herrlich, dachte der Vater. Wäre doch schön, wenn jetzt das Ordnungsamt vorbeikäme und dem Auto ein Knöllchen anheftete. Er ging zurück in die Wohnung im vierten Stock, um sich eine andere Jacke zu holen. Als er wiederkam und die Atmung wieder in Gang war nach dem vierten Stock, hatte das Ordnungsamt ein Knöllchen an die Windschutzscheibe geheftet.

Paul rief den Vater auf dem Handy an, «Guten Morgen, Papa.»

«Mhngmanney», sagte der Vater und erzählte von den Katastrophen.

«Stell dich nicht so an, nur wegen dem bisschen Ungemach.»

Es schneite. Es wird in diesem Land nie mehr aufhören zu schneien, dachte der Vater, Frühling und Fußball sind abgeschafft in diesem Land. Der Vater schob den Wagen aus der Parklücke. Rückwärts gestemmt, vorwärts geschoben. Dann stand der Wagen auf der Straße.

Daneben der Vater. Es hilft einem ja keiner, dachte der Vater.

Kann mal jetzt einer einen Hügel abwärts machen, dachte der Vater. Oder kann mal jetzt Paul zur Schule gehen, dann kommt er hier bei der Wohnung des Vaters vorbei, sieht den Vater und hilft anschieben. Paul hatte erst zur dritten Stunde, die ersten beiden Stunden waren wegen Krankheit der Lehrer ausgefallen. Der Vater schob. Der Vater sprang in den Wagen. Der Wagen sprang nicht an. Der Vater schob wieder. Der Vater sprang in den Wagen. Der Wagen war noch nicht schnell genug gewesen. Der Vater schob wieder. Er sprang in den Wagen. Er ließ die Kupplung kommen. Der Wagen sprang an. Der Vater konnte aber zunächst nicht fahren, weil man ohne Atmung nicht Auto fahren kann.

Paul rief noch einmal an.

Der Vater hechelte ins Handy.

«Ja, ja», sagte Paul, «ist Mist mit dem Auto, aber Frühsport tut dir gut. Viel wichtiger ist, dass ich heute Theorieprüfung habe.»

Der Vater hechelte.

«Ruhig, Schimmel», sagte Paul.

«Doch – schon – heu – te – Theo – rie – prü – fung», hechelte der Vater.

«Du weißt genau», sagte Paul, «dass es nicht an mir lag.»

«Kannst du denn jetzt rück – wärts – fah – ren», fragte der Vater mit langsam wiederkehrender Atmung.

«Theoretisch schon», sagte Paul.

«Ist auch egal, du brauchst eh keinen Führerschein mehr, du brauchst einen Hundeführerschein, wir alle brauchen nur noch Schlitten.»

«Super Laune, der Herr Vater», sagte Paul.

«Genau, ich hatte gerade ein super Erlebnis mit dem Auto.»

«Und», sagte Paul, «läuft er jetzt?»

«Im Moment nicht, du hast ja angerufen.»

«Ach», sagte Paul, «bin ich jetzt schuld an deiner Karre?»

«Nein, nein, aber sprich ihr mal gut zu, damit ich in die Arbeit komme.»

«Spring an», sagte Paul.

«Lauter», sagte der Vater.

«Spring an!», brüllte Paul.

«Mit mehr Liebe», sagte der Vater.

«Schatz, spring an!», brüllte Paul.

Der Vater fuhr zur Arbeit.

«Geht doch», hatte Paul vorher noch gesagt. Postpubertisten haben sich in der Pubertistenzeit erstaunliche Fähigkeiten angeeignet.

Am Abend hockten der Vater und Paul beim Männerge-spräch zusammen. Das heißt, zunächst nicht. Zunächst rief Paul wieder an. «Oh, diese Bürokraten! Oh, dieses Land!», schrie er.

Es schneite, der Vater saß im Warmen. Endlich. Der Wagen stand auf der Straße. Er würde wohl nicht wieder anspringen.

«Durchgefallen?», fragte der Vater.

«Blödmann, die haben mich nicht mehr angenommen, ich war zu spät.»

«Nee, ne», sagte der Vater, «Pubertistenanfall?»

«Wahrlich nicht», sagte Paul. Paul hatte am Nachmittag beim TÜV angerufen, man hatte ihm gesagt, er könne bis 18 Uhr vorbeikommen, Paul war um 17 Uhr 34 dort, da hieß es, Annahmeschluss der Prüfbögen sei 17 Uhr 30.

«Du guckst wie Kahn», sagte der Vater später.

«Ich habe auch Grund dazu», sagte Paul, «vier Minuten.»

«Und ich habe Winterdepression?», fragte der Vater.

«Schluss mit der Winterdepression», sagte Paul, «prost!»

Am Tag darauf bestand Paul die Prüfung. Null Fehler. Aber es schneite.

Ein paar Tage darauf bestand er auch die praktische Prüfung. «Was hat der Mist mit dieser dummen Fahrschule Geld gekostet», sagte der Vater. Manchmal müssen Männer auch über Geld reden.

«Du, Papa», sagte Paul, «du musst noch siebenhundert Euro überweisen.»

Der Vater setzte das Bier wieder ab. «Wie, was, siebenhundert Euro», sagte er.

«Du weißt schon, Schulfahrt nach Griechenland.»

Für die Schulfahrt nach Griechenland hatte der Vater erst neulich zweihundertfünfzig Euro überwiesen.

«Ja», sagte Paul, «und jetzt ist der Restbetrag fällig.» Insgesamt neunhundertfünfzig Euro. Der Vater schaute ungläubig. «Fahrt ihr mit dem Schiff», fragte er, «oder wollt ihr ein Jahr bleiben?»

«Ha, ha, sehr witzig», sagte Paul.

«Nein», sagte der Vater, «gar nicht witzig, das Geld wächst nämlich nicht auf dem Baum.»

«Nicht?» Paul schaute ungläubig.

Als Paul noch Vorpubertist war, also Kind, hat er bei Geldfragen immer gesagt: «Geh doch zum Automaten, da gibt es Geld.» Dann hat er fröhlich die Zahlen gedrückt, die der Vater ihm nannte, und als das Geld einfach so aus dem Automaten kam, ebenso fröhlich gebrüllt: «Eis, Eis, ich bekomme ein Eis.» Oder etwas anderes. Es hat aber immer geklungen wie: «Geht doch, stell dich nicht so an.» Als Pubertist hat Paul verstanden, dass das Geld, was aus dem Automaten kommt, erst einmal in den Automaten gelegt werden muss, und dass das mit Arbeit verbunden ist. Aber den Zusammenhang hat er weitgehend negiert und immer noch fröhlich gebrüllt: «Ich will ein Eis, ich will ein Eis, ich bekomme ein Eis!» Als Postpubertist wusste Paul, dass an der Misere nicht der Automat schuld war.

«Die Schule sagt, das sei eben so teuer, na ja, für Verpflegung müssen wir dann noch extra Geld mitnehmen.» Dem Vater schmeckte das Bier nicht mehr, war eh nicht mehr zu bezahlen.

«Und von diesen Billigfliegern hat die Schule noch nichts gehört», knurrte er.

«Keine Ahnung», Paul zuckte mit den Schultern, «aber her mit der Kohle.»

«Die spinnt, die Schule», sagte der Vater.

Am nächsten Abend verreckte das Auto des Vaters, die Lichtmaschine. Wann kommt eigentlich der Frühling? Der Vater ging dann zu Fuß. Mit Schirm.

Oder er fuhr mit dem Rad. Der erste Versuch mit dem Rad endete im strömenden Regen.

Bei Paul im Hinterhof steht die Vespa. Paul hat ja jetzt seinen Führerschein, er darf sie also benutzen. Sie steht immer noch im Hinterhof, muss aber weg, weil im Hinterhof gebaut wird, da fällt leicht mal was runter. Und dann wäre sie womöglich verkratzt, bevor der Vater damit hat fahren dürfen.

«Springt sie an?», fragte der Vater.

«Nee», sagte Paul, «ich muss erst zum Schrauber.»

«Das kostet», sagte der Vater.

«Ach, übrigens, ich habe noch keinen Helm.» «Der kostet», sagte der Vater.

«Ach, nochmal übrigens, nach der Griechenlandreise fährt der Deutsch-Leistungskurs noch nach Weimar.»

«Kostet?», fragte der Vater.

«Hundert Euro.»

«Du, Paul», sagte der Vater, «kannst du nicht mit der Vespa nach Weimar fahren? Oder nach Athen?»

«Dann muss ich erst zum Schrauber.»

«Sehr witzig», sagte der Vater. Man soll wirklich nicht über Geld reden.

MOFA-ROMANTIK

Paul ist weg. Das ist gut so, denkt sich der Vater. Paul ist mit der Schule auf der Akropolis und sonst wo in Griechenland. Bei dem Geld, was der Vater für die Klassenfahrt zu zahlen hatte, müssten die Postpubertisten eigentlich auf einer Luxusyacht durch die Ägäis schippern.

Pauls Vespa steht daheim, auf dem Hof. Der Vater hat sich von der Mutter Pauls Helm geholt. «Der passt dir eh nicht», hatte die Mutter gesagt, «Pauls Helm ist extra groß, wegen der Dreadlocks.»

Der Vater sagte: «Ich habe einen größeren Kopf, da ist mehr drin.»

Die Mutter sagte: «Na ja, die einen sagen so, die anderen so.» Der Helm passt, ein bisschen wackelt er.

In der Woche zuvor wollte Paul fahren. Das erste Mal. Nachdem Paul die Fahrschule gewechselt hatte, ging alles ganz schnell. Autobahnstunde, Nachtfahrt, Wenden, Prüfung. Bestanden.

Der Roller sprang nicht an. Immer wieder trat Paul den Kickstarter. Nichts.

«Du musst den Benzinhahn öffnen», sagte der Vater.

«Klugscheißer», sagte Paul. Paul öffnete den Benzinhahn. Der Roller sprang an. Paul fuhr. Sechzig, siebzig
Meter, dann säuselte sich der Motor zum Stillstand.
«Vielleicht solltest du Benzin in den Tank füllen»,
schlug der Vater vor.
«Oh, Mann», sagte Paul, «wie lustig, der Herr Vater. Es
ist Benzin im Tank, ich habe nachgeschaut.»
Der Vater grinste überlegen. «Dann hast du den Motor
absaufen lassen, wieso bekommt euresgleichen eigent-
lich gegen viel Geld des Vaters einen Führerschein, wo-
für haben wir dich auf die Schule geschickt?»
«Oha, der Fachmann spricht, der Automechaniker, der
Motorenfreak.»
«Ach, weißt du», erwiderte der Vater, «so schwer ist das
ja nun auch nicht. Das weiß doch jedes Kind.»
«Und du weißt vom Motor, wo der Zündschlüssel hin-
kommt. Und wie du ihn drehen musst.»
Als der Vater noch Pubertist war, hatte er ein Mofa, Typ
Hercules, so eins mit einem zylinderförmigen Tank.
Blassgrün. Vom eigenen Geld zusammengespart durch
Ferienjobs.
«O weh», sagte Paul, «ist es jetzt wieder so weit?»
«Ich habe auch eine Jugend gehabt», sagte der Vater.
«Lang, lang ist's her, Tempi passati.»
«Man wird sich ja wohl noch erinnern dürfen.»
Eigentlich hatte das Mofa nur fünfundzwanzig Stunden-
kilometer fahren dürfen. Aber mit ein paar Tricks hat-
ten der Vater und Mitpubertisten des Vaters es schneller
gekriegt.
«Die Mitpubertisten haben es schneller gekriegt», sagte
Paul, «du also nicht.»

«Es war ein Gemeinschaftswerk, einer für alle, alle für einen, das kennt ihr heute nicht mehr.»

Die Hercules fuhr dann neununddreißig Stundenkilometer, gefühlte siebenundfünfzig. Der Vater war damit zur Schule geschnurrt, zum Sport, mit Anne zum Stones-Konzert und mit der Schwester und deren uraltem Mofa einmal quer durch Holland bis nach Amsterdam. Das alte, uralte Mofa der Schwester war durchgeschnurrt, das des Vaters musste unterwegs mehrfach auseinandergenommen werden.

«Du hattest ein Service-Team dabei?», fragte Paul.

Und ungefähr einmal die Woche war der Vater auf seinem Mofa in einen Platzregen gekommen. Dann musste er schnell irgendwo Unterschlupf finden, weil sein herkulisches Mofa sich vor Regen fürchtete und ausging.

Dann musste er den Regen abwarten und in der Zeit die Zündkerze trocknen. Zündkerzen rausdrehen, weiß Gott, das konnte der Vater.

«Das ist praktisch wie Fahrradfahren», sagte der Vater, «das verlernt man nicht.»

Die beiden schraubten die Zündkerze von Pauls Vespa raus. Sie war pitschnass.

«Ha», sagte der Vater.

«Ich bewundere dich», sagte Paul.

«Mit Recht», sagte der Vater, «mit Recht.»

Später schraubten sie die Zündkerze wieder rein. Der Roller sprang an.

«Siehst du», sagte der Vater.

Paul fuhr. Dreißig, vierzig Meter, dann säuselte sich der Motor zum Stillstand.

«Da ist irgendwas verstopft», sagte Paul, «wahrscheinlich ist der Vergaser verdreckt.»

«Hört, hört», sagte der Vater.

«Und nun?», fragte Paul.

«Und nun weiß ich auch nicht, da hat sich technisch ja so viel verändert.»

«Meine Vespa», entgegnete Paul, «ist ungefähr so alt wie du.»

Der Vater sagte nichts.

«Ich bewundere dich», sagte Paul.

Der Vater sagte nichts.

Dann war Paul abgereist.

Am Tag darauf versuchte sich der Vater. Immer wieder trat er den Kickstarter. Nichts. Er schob den Roller im zweiten Gang an. Nichts. Er schob erneut. Nichts. Er schob wieder, durch sein altes Auto hatte er Übung im Schieben. Er schob. Bis kurz vor dem Herzinfarkt. Nichts. Er schob die Vespa zum Schrauber.

«Wissen Sie», sagte der, «das ist ein altes Schätzchen, fünfundzwanzig Jahre, die hat lange gestanden, der Vergaser ist verdreckt. Kein Problem.»

Na also, wusste ich es doch, dachte der Vater, die ist gar nicht so alt wie ich, bei dem Tempo des technischen Fortschritts kann man als interessierter Laie unmög-

lich mithalten. Der Schrauber tat, was ein Schrauber tun muss. Ein paar Stunden später schnurrte die Vespa. Herrlich. Paul ist noch zwei Wochen weg. Paul muss ja nicht alles erfahren.

Die Reise nach Griechenland war übrigens ein voller Erfolg. Für Paul. Vielleicht auch für den Vater, das wird die Zeit zeigen. Dass Paul isst, wurde hier schon erwähnt. Paul hat immer gegessen. Als Kind ganz viel, als Pubertist noch mehr. Immer das Gleiche. Paul mochte Nudeln. Paul mochte Hackfleischsoße, Pizza, Hühnerbrust, ansonsten nicht viel. Pilze, Rosenkohl, Paprika, Bohnen, Erbsen, Kartoffeln, Auberginen, «bäh, geh

mir weg mit dem Zeug», pflegte Paul, der Pubertist, zu sagen, «Oberjienen, das kann ich kaum schreiben, das kann ich nicht essen.»

Ab und an kocht der Vater mit Paul. Die Mutter kocht wunderbar, der Vater bemüht sich, die Saat muss doch mal aufgehen.

Wenn der Vater mit Paul kochte, sah es anfangs folgendermaßen aus: Der Vater kochte, Paul aß. Die Steigerung sah dann so aus: Paul schnippelte Gemüse, der Vater kochte, Paul aß, nachdem er das Gemüse aus dem Essen gepult hatte.

Griechenland hat Paul weitergebracht. Nicht, dass jetzt Griechenland als Schule der Kulinarik hochgejubelt werden soll. Aber als Paul zurückkam, sagte er: «Du, Papa, ich habe während der Reise gekocht.»

«Wasser für Kaffee?», fragte der Vater.

«Ha, ha», sagte Paul, «super, was haben wir gelacht. Nein, richtig.»

«Und», fragte der Vater, «gepunktet?»

«Aber ja, und wie», sagte Paul, «nicht schlecht. Es hat sich schnell rumgesprochen, dass wir kochen.»

«Und dann kamen die Mädels?»

«Alle», sagte Paul.

«Liebe geht eben durch den Magen», sagte der Vater.

Paul will jetzt kochen. Paul hat beim Vater Kochbücher gewälzt. Jamie Oliver. Er will Lasagneblätter mit aromatischen Tomaten, Tintenfisch, Miesmuscheln, Dinkel und Oliven zubereiten. Oder Seeteufel mit sonnengetrockneten Tomaten, Parmaschinken und Basilikum.

«Uii», sagte der Vater, «aber das sind doch Zutaten, die magst du gar nicht.»

«Kinderkacke, das war früher, jetzt mag ich das.»
Dann hat sich die Investition in die teure Griechenland-
reise ja gelohnt, dachte der Vater.
«Seeteufel wird teuer», sagte er.
«Wenn du mich zum Essen einlädst, ist das nicht mein
Problem.»
Irgendetwas ist schiefgelaufen in der Erziehung, dachte
der Vater. Die Gemeinsamkeiten werden seltener.

Aber das hatte damals schon angefangen, in dem Sommer, der zum Sommermärchen wurde. Paul war Vespa
gefahren, Lara hintendrauf. Paul kochte ab und zu. Und
es war so viel los in dieser Zeit, dass Paul und der Vater
gar nicht mehr zum Männergespräch gekommen sind.
Der Vater reiste beruflich durchs Land, war mal hier,
war mal dort, auf seinem Schreibtisch lagen Papiere,
Papiere, Papiere, standen leere Kaffeetassen, überquellende Aschenbecher, der Phantomschmerz war vorbei,
ein neuer Anlauf zur Entwöhnung noch nicht geschafft.
Paul hätte Sauerstoffzufuhr angemahnt, hätte er das
Zimmer des Vaters betreten.
Einmal hatten sie sich kurz getroffen. Das war, als der
Vater am gleichen Platz arbeitete, an dem Paul feierte. Es
kam aber zu keinem Gespräch, weil Paul die ganze Zeit
Party machen wollte und «Deutschland! Deutschland!»
rief und jubelte, zusammen mit seinen Kumpels. Das ist
ein merkwürdiges Bild, hatte der Vater gedacht, Paul, ein
postpubertierender Rastafari-Patriot und seine mitpost-
pubertierenden Punk-Patrioten, dieser Sommer hatte es
wirklich in sich.
Mit dem Ende des Sommertraums war auch die Zeit

zurückgekommen. Zeit für den Vater, auch mal
all die Rechnungen durchzusehen, die so aufgelaufen
sind.

Auch die von Pauls Handy, dummerweise läuft der Vertrag auf den Vater.

Manchmal gibt Paul dem Vater das Geld, meistens hat
er es nicht. Es war also wieder Zeit zum Männergespräch.

«Paul», sagte der Vater, «so geht das nicht.»

Paul schaute, Paul sagte: «Finde ich doch, ich habe die
Mühsal des Telefonierens und du nicht.»

«Sehr witzig, der Knabe», sagte der Vater, «sehr witzig.»

«Und dann bei dieser Hitze», sagte Paul, «telefonier du
mal bei dieser Hitze, ständig ist das Handy nass.»

Der Vater nahm einen Schluck, einen gegen die Hitze.
Dann nahm er noch einen Schluck, einen gegen die postpubertistische Logik.

«Kurzum», sagte der Vater, «ich zahle es nicht mehr.»

«Ja, ja», sagte Paul, «ist ja schon gut, ich habe jetzt einen
Job. Aber meinen Roller fahren, das habe ich gerne.»

Ab und an leiht Paul dem Vater die Vespa, «immer dann,
wenn der Tank leer ist», sagte der Vater.

«Wenn man fährt», entgegnete Paul, «verfährt man eben
Benzin. Das solltest du mit deinem technischen Wissen
eigentlich wissen. Verbrennungsmotor nennt man das.
Der Motor verbrennt Benzin, dadurch fährt das Gefährt,
und wenn es alle ist, das Benzin, muss man eben neues
einfüllen. Das ist in all den Jahren des technischen Fortschritts gleich geblieben.»

«Bub», sagte der Vater, «ist es Zufall, dass immer dann,
wenn du mir die Vespa leihst, der Tank gerade restlos

verbrannt ist? Und wenn ich sie dir zurückgebe, ist er randvoll voll.»

«Ich habe», sagte Paul, «dir noch nie die Vespa mit brennendem Tank übergeben, das wäre zu gefährlich.»

«Ein liebender, ein sorgender Sohn bist du», sagte der Vater.

«Ich weiß, aber wenn dir das bisschen Benzin zu teuer ist, musst du die Vespa eben stehen lassen. Zu Fuß gehen ist billiger und viel gesünder in deinem Alter. Da siehst du, wie ich mich sorge.»

«Ach ja», sagte der Vater, «du sorgst dich, und ich zahle.»

«Hör mal, wäre ja noch schöner, du fährst mit Mama auf meiner Vespa zu den Stones, und ich soll zahlen? War aber bestimmt lustig, so zwei alte Herzen im Zweiertakt.»

In der Tat waren der Vater und die Mutter mit der Vespa zum Stones-Konzert gefahren. Die Mutter hatte das schon einmal eingeklagt, als Paul noch Pubertist war und die Rede darauf gekommen war, dass der Vater als Pubertist mal mit einer Anne oder Helene oder Luise beim Stones-Konzert war. Und so waren sie tatsächlich auf Pauls Vespa in die Abendsonne hinein zum Konzert gefahren. Der Helm diente dem Vater als Podest, da konnte er besser sehen.

«Auch diesen, wie hieß der noch», fragte Paul, «Charlie Watts?»

«Auch Charlie Watts, der saß hinter seinem Schlagzeug.»

Paul hatte zwischenzeitlich seine Karriere als Schlagzeuger in die Pause geschickt.

«Na klar», sagte er jetzt, «der Mann muss sitzen, der ist ja so alt wie ihr.»

Der Vater sagte dazu erst mal nichts, bestellte noch ein Bier, er ließ es auf Paul schreiben, «dafür zahlst du, Brut.» Warum auch nicht, Paul hat tatsächlich einen Ferienjob. Abräumer in einem Biergarten. «Mann, ist das ein Stress», sagt Paul.

«Aber dafür kannst du ja wieder telefonieren», erwiderte der Vater.

«Wird Zeit, dass die Schule wieder losgeht», sagte Paul.

«Faulpelz», sagte der Vater. Aber er geht jetzt auch mal in den Biergarten. Er will es mal umgekehrt erleben: mal an einem Platz feiern, an dem der Bub arbeitet.

GRIECHISCH

Paul ist dieser Tage gemustert worden. Paul hat sich allerdings schon lange entschieden, Zivildienst ist sein Ziel.
Als der Vater noch Postpubertist war, war so eine Musterung eine große Sache. Der Vater hatte seinen Antrag auf Kriegsdienstverweigerung vor einem grimmigen Ausschuss wortreich rechtfertigen müssen.
«Ich schreibe eine Postkarte», sagte Paul vor der Musterung beim Männergespräch, «wenn überhaupt.»
Der Vater sagte: «Prost», und: «Was heißt, wenn überhaupt?» Paul lächelte. «Ich werde wahrscheinlich ausgemustert.»
Der Vater schaute skeptisch. «Wegen notorischer postpubertärer Zimmer-Verwahrlosung wird man nicht ausgemustert.»
«Ha, ha, sehr witzig mal wieder, der Herr Vater.»
«Du bist doch ansonsten kerngesund», sagte der Vater, «Brille und Dreadlocks sind keine Krankheiten und werden nicht reichen.»
Paul lächelte wieder. «Vielleicht doch.»
«Die Dreadlocks werden dir abgeschnitten beim Bund», sagte der Vater. Die Dreadlocks reichen Paul inzwischen sehr weit in Richtung Gesäß.

«Da gehe ich sowieso nicht hin», sagte Paul, «warte es ab, zwei Kumpels von mir sind ausgemustert worden.»

«Wegen Dreadlocks», sagte der Vater, «Paul, du spinnst.»

Am Abend nach der Musterung kam Paul zum Vater.

«Und», fragte der, «tauglich?»

«Die Entscheidung ist verschoben worden», Paul lächelte schon wieder.

Die Ärztin, die die Musterung vorgenommen hatte, erzählte Paul, habe ihn gleich zu Beginn von oben nach unten gemustert …

«… deswegen heißt es ja auch Musterung», sagte der Vater …

«… aha», sagte Paul, und dann habe die Ärztin gesagt, dass bei seinem Äußeren die Frage naheläge, wie er, Paul, es denn mit dem Tetrahydrocannabinol halte, das ist ein Wirkstoff, wie er in aromatischen Kräutern vorkommt, die Paul und seine Mitpostpubertisten gelegentlich verköstigen.

«Jau, jau», hatte Paul geantwortet, das wolle er nicht ausschließen, dass Tetrahydrocannabinol und er schon mal eine Verbindung eingehen.

«Und dann hat die Ärztin gesagt», sagte Paul, «ich soll in einem halben Jahr wiederkommen, und wenn das dann immer noch so ist, werde ich ausgemustert.»

Der Vater schaute skeptisch. «Das glaube ich nicht», sagte er.

«Es ist aber so», sagte Paul, «es ist genauso wie bei meinen Kumpels, von denen ich dir erzählt habe.»

«Am Abend ein Joint», sagte der Vater, «und die Musterung ist dein Freund? Ich will das nicht glauben, das wäre skandalös.»

«Wahrscheinlich ist es das», sagte Paul, «aber eigentlich finde ich diesen Skandal recht praktisch.»

«Ja, dann nehmen wir doch am Vorabend der nächsten Untersuchung einen», sagte der Vater.

«Gerne», sagte Paul, «aber auch das kann ich inzwischen alleine.»

«Mhngmanney», sagte der Vater.

Am Tag nach diesem skurrilen Gespräch hatte der Vater allerdings ein wenig rumtelefoniert. Bei Kreiswehrersatzämtern und auch bei der Bundeswehr. Eine Ärztin beim Kreiswehrersatzamt hatte die Gegenfrage gestellt, ob denn der Vater als Journalist oder als Vater anrufe. «Als beides», hatte der Vater gesagt.

«Dem Journalisten gegenüber bin ich nicht auskunftsberechtigt», hatte die Ärztin gesagt, «da müssen Sie meinen Vorgesetzten befragen. Dem Vater kann ich sagen, dass Ihr Sohn nicht gelogen hat.»

Auch bei der Bundeswehr gab es zwei Auskünfte, eine offizielle, «die Aufgaben bei der Bundeswehr sind inzwischen zu vielfältig, als dass sie von Cannabis-Rauchern bewältigt werden können», und eine inoffizielle, «wir haben zu viele, und weil im sozialen Bereich so viel gespart wird, wird auch keineswegs jeder Verweigerer zum Zivildienst herangezogen.»

Der Vater war reichlich schockiert und rechnete, als er von dieser Praxis in der Zeitung berichtete, für die er arbeitete, mit einem empörten Aufschrei. Tatsächlich aber erregte sich exakt ein Mann über diese Wehrungerechtigkeit. Sonst nichts. Paul und Gleichgesinnte müssen nicht zum Bund und auch keinen Zivildienst leisten.

«Zur gänzlichen Verantwortungslosigkeit haben wir dich nicht erzogen», sagte der Vater.

«Reg dich ab», sagte Paul, «ich mache ein freiwilliges soziales Jahr.»

Braver Bub, dachte der Vater.

Es mehren sich aber auch ansonsten die Zeichen, dass Paul so etwas wie zeitweise Vernunft anstrebt.

«Sehr witzig», sagte Paul, als der Vater beim Männergespräch etwas in dieser Richtung andeutete, «sehr witzig, was haben wir gelacht.»

«Na, hör mal», sagte der Vater, «erst kürzlich warst du in der Dreigroschenoper ...»

«... wegen Campino ...»

«... dann Patrick Süskind», sagte der Vater ...

«... hä», sagte Paul ...

«... ‹Das Parfüm›, der Film, das nimmt bei dir ja langsam kulturelle Züge an.»

Paul nahm einen Schluck Bier. «Ich kann ja nicht immer dumpf mit dir ins Bier brüten.»

Der Vater nahm auch einen Schluck. «Sehr witzig, was haben wir gelacht», sagte er.

«Dreigroschenoper war super», sagte Paul, «der Film ging so, morgen gehe ich mit Luise in die Newton-Ausstellung.»

Der Vater verschluckte sich. Dass Paul in eine Ausstellung geht, freiwillig und nicht unter Zwang mit der Schule, war im bisherigen Leben eher noch nicht vorgekommen.

«Gute Luise», sagte der Vater.

«Und im Cirque du Soleil waren wir auch schon, war toll, mit Freikarten.»

«Mann, Paul, Bub», sagte der Vater, «und Idomeneo?»

«Geht ja nicht», sagte Paul, «noch nicht.»

«Woher weißt du das?», fragte der Vater, «liest du jetzt neuerdings auch Zeitung?» Es hatte zu diesem Zeitpunkt große Aufregung um eine Opern-Aufführung gegeben. Dass die Welt sich in einem wirren Glaubenskrieg befindet, hatte Paul schon als Pubertist mitbekommen, als echte Flugzeuge in Hochhäuser geflogen und Paul und seine Mitpubertisten sehr geschockt gewesen waren.

Diesmal lächelte Paul nur etwas mitleidig und nachsichtig über die Bemerkung des Vaters.

Und dann erzählte Paul von seiner Deutsch-Klausur.

«Och, ätzend, total nervend, Büchner, Lenz», sagte er und verdrehte dabei die Augen, wie er es als Pubertist immer getan hatte.

«Büchner ist super», sagte der Vater, «habe ich gerne gelesen in der Schule.»

Paul lächelte wieder mitleidig. «Na ja», sagte er, «damals, zu deiner Schulzeit hat man ja auch noch so geredet.»

«Unverschämtheit», sagte der Vater, «missratene Brut, du zahlst.»

«Nein, du zahlst», sagte Paul, «weil ich weiß, warum du Büchner super findest.»

«Aha», sagte der Vater.

«Weil nämlich dein Geburtstag darin erwähnt wird», sagte Paul.

«Aha», sagte der Vater.

«Den 20. Jänner ging Lenz durchs Gebirge», sagte Paul, «der erste Satz im Lenz.»

Der Vater zahlte.

Es ist schon erstaunlich, dachte der Vater, man hatte beim Pubertisten nicht immer den Eindruck, dass sich alles noch zum Guten wenden würde. Neulich war sich Paul sogar einig mit seinen Lehrern. Das ist absolut neu, das war zu Pubertistenzeiten so gut wie nie der Fall. Und Pauls kultureller Anfall ging auch nicht sofort wieder vorbei. Schon beim nächsten Männergespräch erzählte er von Agamemnon: «Der kam aus Troja zurück, mit Kassandra an der Hand, und wurde von Klytämnestra beim Baden erdolcht.»

Der Vater staunte. «Respekt», sagte er.

«Oder so ähnlich», sagte Paul, «ich weiß nämlich eigentlich nichts davon, ich habe in der Klausur nur Bruchstücke übersetzt.»

Der Vater hob die Augenbraue: «Super, also daneben.»

«Jau, voll daneben.»

«Ist mir nie passiert», sagte der Vater.

«Na klar», sagte Paul, «wie auch, du hattest ja kein Griechisch.»

Jetzt ist die Aufregung an der Schule groß. Paul macht im nächsten Frühjahr sein Abitur, Zentralabitur, mit einheitlichen Aufgaben. Die Griechischklausur war als Vorabitur tituliert, ein Test. Der ist danebengegangen.

«War viel zu schwer», sagte Paul.

«Du warst zu faul», sagte der Vater.

«Sagen die Lehrer auch», sagte Paul.

«Dann wird es ja wohl stimmen», sagte der Vater.

«Ha, ha», sagte Paul, «sehr, sehr lustig. Du weißt ja, wovon du sprichst.»

«Ach, weißt du, Paul», sagte der Vater, «das ist so lange her.»

«Ich weiß, irre lange.»

Der Vater sagte: «Phh.»

«Die Lehrer finden auch, dass der Test zu schwer war», sagte Paul.

«Die sind auch zu faul», sagte der Vater.

«Wenn du das in der Zeitung schreibst, gibt's wieder Briefe», sagte Paul.

«Ich weiß», sagte der Vater.

«Die sind aber nicht zu faul», sagte Paul.

«Dass du mal Lehrer verteidigen würdest, war dir auch nicht in die Wiege gelegt.»

«Schau», sagte Paul, «ich erkläre es dir. Ganz langsam. Die Lehrer hatten in den vergangenen zwei Unterrichtsjahren verschiedene Möglichkeiten zur Auswahl des Unterrichtsstoffes. Wenn wir nun in dieser Zeit zum Beispiel die Dramen übersetzt haben, Aischylos, Sophokles, Euripides, Aristophanes oder Menander, und im Abitur müssen wir dann die Ilias übersetzen, dann haben wir die Arschkarte. Und umgekehrt.»

«Und in den anderen Fächern ...», sagte der Vater,

«... ist es genauso», sagte Paul, «Mathe, Deutsch, Latein, die Lehrer schimpfen alle.»

«Wir mussten noch alles können», sagte der Vater.

«Ja, ja, ich erinnere mich. Hat bei dir super geklappt.»

«Frechheit, ich habe mein Abitur auf Anhieb geschafft.»

«Ihr hattet ja auch kein Zentralabitur», sagte Paul.

«Und nun?», fragte der Vater.

«Parakalo dyo bires.»

«Hä», sagte der Vater.

«Ist Neugriechisch, heißt: ‹Zwei Bier, bitte.›»

«Aha, so etwas lernt ihr, Bier bestellen.»

HOTEL VATER

Früher, in der Zeit des Pubertisten, waren die Entscheidungen überschaubar. Zimmer aufräumen oder Streit
mit dem Vater? (Paul hat sich für den Streit entschieden.) Einkaufen gehen oder Streit mit der Mutter?
(Streit mit der Mutter.) Das Telefonieren reduzieren
oder Streit mit den Eltern? (Mhngmanney!)
Die Entscheidungen, die der Postpubertist treffen muss,
sind weitreichender. In nicht mal mehr drei Monaten
stehen die Abiturprüfungen an. Lernen oder nicht lernen könnte so eine Frage sein, ist es aber nicht.
«Also gut», sagte der Vater beim letzten Männergespräch,
«nehmen wir an, du bestehst das Abi ... »
«Ich bestehe.»
« ... und dann?», fragte der Vater.
Paul bestellte zwei Bier. «Tja.»
«Bund oder Zivildienst?», fragte der Vater. Eigentlich eine
rhetorische Frage, Paul hatte sich schon früher auf Zivildienst festgelegt.
«Ausmusterung», sagte Paul.
«Aha», sagte der Vater, das Thema war schon mal. Er war
trotz gegenteiliger und offizieller Auskünfte immer noch
nicht überzeugt, dass Pauls seltsame Methode, sich einer

gesellschaftlichen Verantwortung zu entziehen, Erfolg haben könnte. Paul hingegen sah dem zweiten Musterungstermin gelassen entgegen, ihm war ja gesagt worden, dass der Gebrauch von Cannabis zur Ausmusterung führe.

«Ich bin im Training», sagte Paul.

«Kann es sein», fragte der Vater, «dass du diesbezüglich in erschreckender Frühform bist?»

Paul sagte nichts dazu.

«Paul, Paul», sagte der Vater, «etwas mehr Ernsthaftigkeit in der Vorbereitung deiner Prüfungen wäre wünschenswert.»

Paul aber plant schon die Zeit danach. Studium? Erst einmal arbeiten? Ausziehen? Hotel Mutter? Oder Hotel Vater? «Von wegen», sagte der Vater, «das wird umgewandelt in eine Wohngemeinschaft.»

«Eben», sagte Paul, «das ist ein Problem.»

Mitunter spürte der Vater die beklemmende Ahnung, dass nicht nur die Ära des Postpubertisten zu Ende geht. Überhaupt sehnte er sich oft nach der Zeit, als Paul noch Pubertist war. Das war zwar ein harter Überlebenskampf für die Eltern gewesen, all die Exzesse eines Pubertisten zu überstehen. Aber letztendlich hatte man alles – das unaufgeräumte Zimmer, die Vergesslichkeiten, den Trotz – mit der Erinnerung an die eigene Zeit als Pubertist weglachen können. Beim Postpubertisten half die Methode nicht mehr, weil das Leben eines Postpubertisten wesentlich mehr Endgültigkeit bereithält. Einmal ins Grübeln geraten, dachte der Vater, dass die Holzwege, die Paul als Pubertist betreten hat, nur Irrungen und Wirrungen gewesen sind, aus denen es immer nach kurzer Zeit Auswege und Rückzüge gegeben hat, bei denen der Vater und auch die Mutter helfen konnten. Wenn Paul sich aber jetzt auf den Weg machte, sich etwas in den Kopf gesetzt hatte, war daran nur noch selten zu rütteln.

Einmal, an einem Sonntag in der Früh, rief Paul an, er hatte Krach mit Laura. «Wahrscheinlich», sagte er, «ist Schluss.»
«Willst du zu mir kommen», bot der Vater an.
«Nein», sagte Paul, «ich halte es jetzt nicht aus in geschlossenen Räumen.»
Dann war der Vater schnell in seine Kleider gesprungen und hatte Paul draußen getroffen. Sie waren durch die Straßen gelaufen, ziellos, planlos, und der Vater hatte eine noch viel größere Hilflosigkeit gespürt als damals, als Paul unter der Trennung von Luise litt.
«Paul», sagte der Vater an diesem Sonntagmorgen, «kann es sein, dass der Streit, dass deine Lethargie mit dem Rauchen aromatischer Kräuter zu tun hat?»
Paul zuckte mit den Schultern, aber das hatte nichts Gelassenes mehr. «Keine Ahnung», sagte Paul.
«Ich höre damit auf», sagte Paul. «Einmal noch, am Vorabend der Nachmusterung, aber sonst bis zum Abitur nicht mehr.»
«Das ist gut, sehr gut.» Der Vater hatte das Thema schon öfter mal angesprochen, ohne auf nennenswerte Resonanz bei Paul gestoßen zu sein. Anders geht es wohl auch nicht, dachte er, als dass Paul seine Irrtümer selbst erkennt.

An diesem Morgen war das Leben noch einmal glimpflich weitergelaufen. Aber zwei Wochen später rief Paul wieder an, spät am Abend, es war jetzt endgültig Schluss mit Laura. Wieder ging der Vater Paul entgegen, und als er ihn dann traf, da zerriss es ihm fast das Herz, wie da ein ausgewachsener Mann, sein Bub, mit hängenden Schultern auf ihn zuschlurfte und am Schicksal verzweifelte.

«Paul, Paul», sagte der Vater, «wie kann ich dir helfen?»

«Keine Ahnung», sagte Paul, «gar nicht.»

Der Vater stand da, natürlich hätte er sagen können, dass Paul mal früher auf ihn hätte hören sollen, und dass sein Beschluss, seine Lebensführung zu ändern, für Laura zu spät kam, aber das wäre nur Triumphgeheul gewesen. Und nach triumphieren war ihm nicht, auch wenn doch eigentlich das Ziel erreicht und Paul im Leben angekommen war.

«Ich kaufe mir jetzt da vorne eine Flasche Schnaps», sagte Paul, «dann fahr ich zu Toni und baller mir den Kopf zu.»

«Das bringt doch nichts», sagte der Vater.

«Ach ja», sagte Paul, «dann denk du mal dran.»

Dann verschwand er in der Nacht, allein mit seinem Schmerz.

Die Zukunft. «Hotel Vater wird es nicht geben», hatte der Vater gesagt, «wenn du noch nicht ausziehen willst, gut, aber ohne Versorgungsansprüche.»

«Ich will weg», sagte Paul, «erst mal weg.» Nach Australien. Paul will mit einem Mitpostpubertisten nach Brisbane. Dort lebt eine Tante des Mitpostpubertisten.

Die hat mitgeteilt, dass es in Australien jede Menge Jobs gäbe, gutbezahlte Jobs.

«Ein halbes Jahr», sagte Paul, «und wohnen könnten wir dort auch.» Allerdings, die Flüge, die müssen die beiden schon selber zahlen. «Das kostet», sagte Paul.

«Ich würde es mal mit Arbeit versuchen», sagte der Vater.

«Hey, hey», sagte Paul, «ich stecke mitten in den Abiturvorbereitungen.»

Der Vater runzelte die Stirn.

«Zwei Bier», sagte er.

«Du zahlst», sagte Paul, «ich will nach Australien. Abi, dann Jobben, dann mit Toni nach Australien.»

«Erst mal das Abitur.»

«Ja, ja.»

Ob ihm die Zeit davonläuft, dachte der Vater?

Manchmal ist Paul nämlich in Eile. «Papa», sagte er kürzlich, «kann ich den Wagen haben?» Der Vater fährt selten mit dem Auto zur Arbeit, es steht auch meistens bei der Mutter. Aber an dem Tag parkte es beim Vater. Und es hagelte, es regnete, es war kalt. «Mhmm», sagte der Vater.

«Ach, komm», sagte Paul.

«Schau mal aus dem Fenster», sagte der Vater.

«Das bisschen Regen», sagte Paul, «klart gleich auf. Du bist doch nicht aus Zucker.»

«Na, gut», sagte der Vater, «hört das eigentlich nie auf, dass der Vater seine Interessen zugunsten des Kindes hintanstellt?»

«Ich bin kein Kind mehr», sagte Paul.

«Eben», sagte der Vater.

«Also habe ich Termine.»

«Aha», sagte der Vater. Paul griff nach dem Autoschlüssel. Mhngmanney, dachte der Vater, als er an der Bushalte-stelle stand und der Wind ihm den Hagel ins Gesicht peitschte.

Zwei Tage später hatte Paul auch keine Zeit. «Mama braucht den Wagen nicht, brauchst du ihn?», fragte er den Vater. Kein Hagelkorn drosch draußen vors Fenster, nur Regen, und das Thermometer wollte nicht richtig in die Höhe.

«Bitte», sagte der Vater, «ich kann ja laufen.»

«Ist ohnehin gesünder.»

«Bei dem Wetter?»

«Was denn, was denn», sagte Paul, «es hagelt doch gar nicht. Kannst du nie zufrieden sein?»

Mittwoch war es ähnlich, Donnerstag auch, Freitag nicht. Freitag sagte der Vater: «Nee, ich brauche das Auto, ich will nach der Arbeit sofort zum Sport.»

«Mhngmanney», sagte Paul, «wie soll ich Fahrpraxis

kriegen, wenn ich nie fahren darf. Außerdem soll es heute noch regnen, es kommt bestimmt ein Hagelsturm.»

Nach all den nassen Tagen war endlich mal keine Wolke am Himmel zu sehen.

«Ist das nicht ein bisschen widersprüchlich», sagte Paul, «Sport treiben wollen und faul mit dem Auto fahren wollen.»

«Ich diskutiere nicht mehr», sagte der Vater.

Paul hatte noch etwas zu sagen. «Ach so», sagte er, «hätte ich fast vergessen, du musst schleunigst tanken, der Tank ist leer.»

Der Vater runzelte die Stirn. «Nee, ne», sagte er.

«Doch, ja», sagte Paul.

«Ist es so wie immer?», fragte der Vater.

«Keine Ahnung», sagte Paul.

«Es ist so wie immer, ich tanke den Wagen voll, ich fahre ein paar Meter, dann nimmst du den Wagen. Und wenn Mama oder ich ihn mal wieder brauchen, fahren wir erst einmal tanken. Ist es das, was du meinst?»

«Ja», sagte Paul, «was kann ich dafür, wenn der Tank leer ist.»

«Paul», sagte der Vater mit Schärfe in der Stimme.
Aber Paul unterbrach ihn: «Hey, hey, hey, ist doch für einen guten Zweck.»

«Gut für deine Zwecke», sagte der Vater.

«Schau, Papa, Montag habe ich Juliane abgeholt und Lukas, und wir sind zu Christine gefahren, Physik lernen. Dienstag Englisch. Mittwoch Mathe, Donnerstag Griechisch. Das Abitur steht vor der Tür, schon vergessen?»

«Aha», sagte der Vater, «und der Preis, dass ich dich zum ersten Mal in deiner Schullaufbahn lernen sehe, ist das Auto?»

«Ja», sagte Paul, «das muss es doch wert sein.»

«Und lernen ohne Auto», sagte der Vater, «das geht praktisch gar nicht, oder?»

«Theoretisch schon», sagte Paul, «aber die Zeit wird knapp. Und mit Auto spare ich Zeit.»

«Könnte es sein», sagte der Vater, «dass du deinen schulischen Ehrgeiz etwas früher hättest wecken sollen?»

«Super», sagte Paul.

«Was ist super?», fragte der Vater.

«Super Satz», sagte Paul.

«Ja», sagte der Vater, «könnte doch sein.»

«Selbst wenn es sein könnte», sagte Paul, «dass ich meinen schulischen Ehrgeiz früher hätte wecken sollen, nutzt mir diese Erkenntnis jetzt auch nichts mehr. Weil früher vorbei ist und jetzt heute ist.»

Der Vater sagte nichts mehr. Er gab Paul die Autoschlüssel. Es fing an zu hageln.

EIN NEUER MENSCH

Vorgestern klingelte beim Vater in der Arbeit das Telefon. Das tut es öfter, diesmal aber war Paul dran. Zur Mittagszeit. «Schule ist aus.»

«Ja», sagte der Vater, «schön.»

«Papa, Schule ist aus.»

Der Vater verstand nicht, wahrscheinlich wollte er nicht verstehen.

«Ja, ja», sagte er, «und warum vertelefonierst du für die Banalität des täglichen Schulschlusses teures Handygeld, mein Geld?»

Paul lachte, Gläser klangen am anderen Ende. «Nun sei mal nicht so kleinkariert, oder hast du immer noch nicht verstanden? Schule ist aus.»

«Aha.» Der Vater verstand nicht, verstand natürlich schon, wollte nicht verstehen, schluckte aber.

«Papa, Alice Cooper ist doch deine Generation.»

Der Vater schluckte schwer, «ah, ja», sagte er leise.

«No more pencils, no more books, no more teacher's dirty looks», begann Paul, und die Mitpostpubertisten und Mitpostpubertistinnen sangen im Hintergrund mit. «School's out for summer, school's out forever, school's been blown to pieces.»

Wieder klangen Gläser im Hintergrund. «Wir stehen vor der Schule und trinken Sekt», sagte Paul.

Das war vorgestern Mittag, Pauls letzter Schultag. Das heißt, falls Paul das Abitur besteht. Mit Deutsch fängt es für Paul an. Dann kommen noch Physik, Griechisch und PW, Politische Weltkunde. Paul läuft in die Zielgerade ein. Die Erziehung auch, dachte der Vater. Der Vater schluckte noch schwerer.
Das war's also jetzt, dachte er, wie er da so allein in seinem Büro hockte. Als Paul noch sehr klein war, noch nicht mal Vorvorpubertist, erinnerte sich der Vater, da hat er ihm am Esstisch versucht, das kleine Einmaleins beizubringen. Er hatte Pfennigstücke sortiert, die gab es damals noch, vier Stück, Smarties, auch vier Stück, und Streichhölzer, vier Hölzer. Dann hat er gesagt: «Paul, schau, hier gibt es ein Paket mit vier Pfennigen und ein Paket mit vier Smarties, und wenn ich sage zwei mal vier, dann macht das wie viel?» Paul hatte die Smarties in den Mund gesteckt und anschließend das Experiment mit den Streichhölzern abgebrochen, dann waren der Vater und das Kind ins Kino gefahren in der großen Stadt im Norden, und Paul hatte Fragen gestellt zu den vielen bunten Lichtern auf der breiten, berühmten Straße in der großen Stadt im Norden und zu den vielen nackten Frauen, deren Fotos an den Hauswänden hingen.
Später, da wohnte die Familie schon in einer noch größeren Stadt im Osten, in der Hauptstadt nämlich, da hat der Vater Paul Lateinvokabeln abgefragt, hat mit ihm Mathematik geübt, hat bei Physik- und Chemie-

übungen lieber keine Zeit gehabt, aber mit ihm Englisch gesprochen.

Noch ein bisschen später ist der Vater bei Mathe ausgestiegen. «Nein, Paul, so was hatten wir damals noch nicht», hat er gesagt, und Paul hat nur gelacht. Der Vater hat bei Physik- und Chemieübungen immer noch keine Zeit gehabt, mit Englisch nicht mehr punkten können, weil Englisch in Pauls Schule so oft ausfiel, und als der Lateinkurs den Caesar überwunden hat und zu Ovid überging, da hat der Vater auch keine Zeit für Latein mehr gehabt.

Das war es also jetzt, dachte der Vater allein in seinem Büro, Paul, Paul, habe ich dir genug geholfen? Genug mitgegeben für das, was du jetzt brauchst? Und was wird aus mir, dachte der Vater, wenn Paul jetzt loszieht, der Postpostpubertist, hinaus in die Welt, nach Holland, Australien, mit dem VW-Bus? Er wird mich vergessen, dachte der Vater, allein in seinem Büro, wird leben, genießen. Der Alte, ach ja, wird Paul denken, muss ihn mal wieder anrufen.

Das war vorgestern am Mittag. Vorgestern am Nachmittag rief der Vater Paul an. «Und?», fragte der Vater.

«Mama hat auch schon ‹Und?› gefragt.»

«Und?», fragte der Vater.

«Ich lerne», sagte Paul.

«Reichlich spät», sagte der Vater.

«Hört, hört, das Vorbild für allen schulischen Fleiß spricht.»

Mhngmanney, dachte der Vater. «Nimm's nicht auf die leichte Schulter», sagte der Vater.

«Papa, ich schaff das schon. Reg dich nicht auf. Bleib ganz entspannt.»

«Paul», sagte der Vater, «ich höre doch im Hintergrund Gelächter, Vogelgezwitscher.»

«Papa», sagte Paul, «ich lerne.»

«Aber wo», sagte der Vater.

«Auf dem Kreuzberg», sagte Paul.

«Und nebenan», sagte der Vater, «rauchen deine Mitpostpubertisten aromatische Kräuter.»

«Ich aber nicht», sagte Paul.

«Super Vorbereitung», sagte der Vater.

«Papa», sagte Paul, «ich schaffe das.»

«Ja», sagte der Vater.

Vorgestern Abend dann kam Timo, der Mitpostpubertist und Mitabiturkandidat.

«Wir gehen jetzt noch spazieren», sagte Paul, «dann gehen wir noch ein Bier trinken, eins, keine zwei, dann wird das schon. Erörterung kann ich, Textanalyse auch einigermaßen.»

«Ich auch», sagte Timo.

Gestern war erster Prüfungstag. Paul musste das Sozialdrama bei Büchner und Hebbel erörtern.

«Lief gut», sagte Paul.

Und dann war Paul, der vormalige Postpubertist, Postabiturient. Er zumindest ist sich sicher. Dann rief Paul den Vater mal wieder in der Arbeit an. «Ich bin jetzt durch», sagte Paul. Das war gegen eins. Da hatte er die mündliche Prüfung hinter sich, PW, Politische Weltkunde. «War kein Problem», sagte Paul. «Nächsten Monat kommt das offizielle Ergebnis.»

Zwei Stunden später rief der Vater Paul an. Paul meldete sich, er klang leicht schwerfällig. «No more pencils, no more books, no more teacher's dirty looks, school's out for summer, school's out forever, school's been blown to pieces», klang es aus dem Hintergrund.

«Ihr feiert?», fragte der Vater.

«Jau», sagte Paul.

«Und seid schon betrunken», stellte der Vater fest.

«Nein», sagte Paul, «aber auf gutem Weg.» Paul sieht das Ziel. Wahrscheinlich geht der Erziehungsauftrag langsam zu Ende, dachte der Vater. Ob der Bub, der Kleine, wohl allein gehen kann?

Ein paar Tage zuvor hatte Paul in der Frühe eine Geschichte aus der Nacht erzählt (Pauls «in der Frühe» ist immer noch, gerade jetzt nach den Abiturprüfungen, der frühe Nachmittag). Paul sagte, er sei gegen halb zwei heimgekommen. Also am Mittag. Er hatte sich das Auto ausgeliehen, war bei Freunden, Mitpostpostpubertisten, hatte gefeiert, nichts getrunken, aromatische Kräuter raucht er eh nicht mehr, er hatte geparkt. Es ging gerade einer dieser Güsse runter, die alles auf einmal nachholen wollen, was die lange Trockenheit vergessen hatte. Paul blieb noch im Auto sitzen.

Der Vater beglückwünschte Paul zu diesem altersweisen Entschluss. Und als der Regen nachließ und er ausstieg, da seien, sagte Paul, die Polizisten schon hinter ihm gewesen.

«Und, was getrunken?», habe ein Beamter gefragt.

«Ja», sagte Paul, «aber nichts mit Alkohol.»

«Werden Sie nicht frech», habe der Beamte gesagt.

«Wieso frech», sagte Paul, «Sie haben eine Frage gestellt, ich habe sie beantwortet, inhaltlich und grammatikalisch korrekt.»

«Hä», habe der Beamte geantwortet, sagte Paul.

«Und, kann ich jetzt heimgehen?», habe Paul die Polizisten gefragt.

«Sie haben vielleicht keinen Alkohol zu sich genommen», habe der Beamte gesagt, «aber etwas anderes haben Sie zu sich genommen, das sehe ich doch.»

«Und was?»

«Marihuana.»

«Ich», habe Paul erwidert, «Cannabis, Tetrahydrocannabinol, ich, nie im Leben.»

«Das sehe ich doch», habe der Beamte gesagt, «Dreadlocks und so», habe der Beamte gesagt.

«Die kommen bald ab», habe Paul erwidert.

«Das sagen sie alle», habe der Polizist gesagt. «Sie haben geraucht, das sehe ich doch.»

«Dann sollten Sie schnell zum Augenarzt gehen, da ist nämlich nichts zu sehen, außer einem enormen Regenguss, den ich im Auto abgewartet habe.»

«Und wenn wir jetzt zur Wache fahren und dort einen Drogentest machen?»

«Ja, dann fahren wir, weil's ja doch der Wahrheitsfindung dient.»

Aber dazu hätten dann die Beamten keine Lust gehabt.

«Wir werden auf dieses Auto mal ein wenig achten», hätten sie noch gesagt.

«Super», sagte der Vater, «und wenn ich jetzt mal einen halben Kilometer zu schnell fahre, bekomme ich sofort einen Zettel.»

«Dann gib halt mir das Auto», sagte Paul.

«Mhngmanney», sagte der Vater, aber bei sich dachte er, dass der Bub schon ein paar Schritte kann.

Es klingelte beim Vater. Das war ein paar Tage nach der Erzählung aus der Nacht. Der Vater öffnete, er schaute aus dem Fenster, irgendein Mensch schritt durch den Hof. Der Mensch schritt auf das Hinterhaus zu, er betrat das Haus, in dem der Vater wohnt. Ein paar Minuten später stand er vor der Wohnungstür des Vaters.

«Paul», sagte der Vater.

Paul hatte ein Büschel Haare in der Hand, Dreadlocks.

«Die mussten jetzt ab.»

«Warum?»

«Weil sie genervt haben. Weil sie störten, weil ich mein Leben ändere.»

«Aber du willst jetzt», sagte der Vater, die beiden waren inzwischen in der Wohnung, «du willst jetzt, also nichts gegen die Sparkasse, du willst aber nach dem Abitur nicht Sparkassenangestellter werden?»

«Sehe ich so aus», sagte Paul.

«Mhmm», sagte der Vater, «müsste ich dir vielleicht noch einen Samsonite-Koffer kaufen.»

«Blödmann», sagte Paul.

«Na, hör mal», sagte der Vater, «du kommst hierher, die Haare kurz geschoren …»

«… die wachsen wieder …»

«geschniegelt und ge-
spornt», sagte der Vater.

«Na ja», Paul schaute an
seiner Jeans runter, die am
Hosenbeinende doch arg
ausgetreten war. Seine Eltern, dachte der Vater, hätten verschlissen gesagt.

«Und da wir gerade beim
Thema sind», sagte Paul,
«ich brauche neue Klamot-
ten.»

Ein neuer Mensch, dachte
der Vater ein wenig er-
schrocken.

«Ich brauche Geld», sagte
Paul.

Der alte Paul, dachte der
Vater sehr erleichtert.

SORGEN

Als Paul noch Pubertist war, da hatte der Vater schon
mal mächtig aufgestöhnt, wenn ihm irgendjemand
mit einem von diesen abgedroschenen Sprüchen kam.
«Kleine Kinder, kleine Sorgen, große Kinder, große Sorgen» war so ein Spruch. Und was ist mit Pubertisten,
hatte der Vater dann gedacht, was sind Sorgen um den
Pubertisten? Klein, groß, mittelgroß? Man sorgt sich
wegen der Schule, man sorgt sich wegen des Umgangs,
man sorgt sich bei Liebeskummer, und seit es Computer gibt, sorgt man sich auch darum, ob so ein Paul
nicht zu viel und zu oft davorhockt.
Da sind noch ein paar andere Sorgen, aber alles in
allem, denkt sich der Vater heute, sind dies doch lächer-
liche Sorgen, verglichen mit denen, die man als Vater
oder Mutter erst hat, wenn so ein Postpubertist sich
aufmacht ins Leben.
Pauls Abiturarbeiten waren ja nun abgegeben, die Sorge
um seinen schulischen Fleiß konnte der Vater beiseite-
legen. War eh nichts mehr zu machen. Außerdem sah
Paul voller Zuversicht der Verkündigung seiner Abitur-
note entgegen. «Ist mit Sicherheit besser als deine.»
«Hauptsache, du hast überhaupt bestanden.»

«Papa!», sagte Paul und verschwand wieder in die Nacht. «Passt auf euch auf», sagte der Vater noch.

So Postpubertisten haben ja eine Menge Testosteron und mitunter auch eine große Klappe und lassen sich ungern anpöbeln. Das ist so eine Sorge, die den Vater umtreibt, seitdem Paul Postpubertist ist und Postabiturient und fürs Erste nur noch um die Häuser zieht. Soll er, dachte der Vater, es sei ihm gegönnt ein paar Wochen lang. Aber da in der Nacht passiert eben auch viel, und nicht alle Postpubertisten sind in der Tiefe ihres Herzens so friedlich wie Paul und seine Mitpostpubertisten.

Kürzlich zum Männergespräch hatte Postpubertist Paul Verstärkung mitgebracht, Fred, auch Postpubertist. Und beide waren wütend und verzweifelt und ratlos.

«Nein, Papa», sagte Paul, «wir sind nicht ratlos, wir wissen schon, was wir zu tun haben.»

Ein paar Tage zuvor waren die beiden zusammen mit zwei anderen Kumpels nach der Schule mal wieder in der U-Bahn-Station angemacht worden.

«Angemacht?», rief Paul. «Die haben mit Messern vor uns rumgefuchtelt, vier kleine Migrationshintergründler, vielleicht vierzehn Jahre alt, Arschlöcher, langsam werde ich zum Rassisten.»

«Paul», sagte der Vater, «ich bitte dich, Vierzehnjährige, und ihr wart zu viert.»

«Papa», sagte Paul voller Empörung, «auch Vierzehnjährige können mit einem Messer zustechen.»

«Ja, ich weiß.» Der Vater war selbst schon in einen Vorfall in der U-Bahn verwickelt gewesen. Zwei kleine, also wirklich kleine, Jungs hatten einen ganzen Waggon tyrannisiert und ihre iPods so laut gedreht, dass keine Unterhaltung mehr möglich war. Zudem hatten sie ihre Füße auf die Sitzbank gestellt, der Waggon war gut besetzt gewesen, aber niemand hatte eingegriffen. Der Vater ist auch kein Riese, wahrlich nicht, aber hatte doch gedacht, im Bedarfsfall mit zwei Zwölfjährigen schon noch fertig zu werden. Also hatte er zu den Jungs gesagt: «Ey, macht die Musik leiser.» Die hatten nicht reagiert, Pubertisten eben. Der Vater hatte seine Bitte wiederholt. Die Pubertisten hatten nicht reagiert, dann so: «Ey, was ist los?» Ihnen gegenüber saß ein Postpost-pubertist, auch der mit Migrationshintergrund, und las gelassen in einem Buch. «Probieren Sie's mal mit ‹bitte›», sagte er zum Vater, «vielleicht hilft das.» «Gerne», hatte der Vater erwidert, «aber nur, wenn ich auch ‹kleiner Pisser› sagen darf.»

«Aber ja doch», hatte der junge Mann geantwortet. Die kleinen Jungs waren da schon sehr verunsichert, weil ihr Gegenüber ganz offensichtlich nicht auf ihrer Seite stand. Der Vater sagte zu einem der Kleinen: «Ey, du kleiner Pisser, mach doch mal bitte die Musik leiser.» Es half tatsächlich. Aber als der Vater an der nächsten Station ausstieg, hat ihm einer der Kleinen hinterher-gerufen: «Isch stesch disch ab!» Da hat der Vater doch einen gehörigen Schrecken bekommen und sich mehr-fach umgedreht, ob die Kleinen nicht tatsächlich hinter ihm herliefen. Aber das war eine ganz andere Situation gewesen, es waren wirklich ganz kleine Jungs gewesen. «Paul», sagte der Vater zu Paul und Fred, «lasst euch nicht provozieren, lasst die doch einfach ins Leere laufen.» «Du hast keine Ahnung», sagte Fred zum Vater, «wir havon sie nicht beachtet, wir sind weggegangen. Und als wir dann in die U-Bahn eingestiegen sind, haben sie uns angespuckt.»

«Ja», sagte der Vater, «aber …»

«Tobi haben sie vorige Woche schon wieder Handy und Geld abgezogen», erzählte Paul, «der hat sich jetzt Pfefferspray zugelegt.»

«Das bringt doch nichts», sagte der Vater, «das führt nur zur Eskalation.»

«Das führt dazu, dass die erst mal nichts machen können.»

«Ehe du dein Pfefferspray aus der Tasche hast», sagte der Vater, «haben die schon zugeschlagen, die haben nämlich keine Hemmschwelle mehr. Ihr schon.»

«Hast du eine bessere Idee?», fragte Paul.

Nein, nicht wirklich, dachte der Vater. «Paul», sagte er, «wenn dir so etwas passiert, gib denen, was sie wollen.»

«Nee», sagte Paul, «das bringt es nicht. Tobi hat ihnen alles gegeben, sie haben ihn trotzdem zusammengeschlagen. Der holt sich einen Schlagstock. Das mache ich auch.»

«Nein!», rief der Vater. «Nein, nein, nein! Das ist keine Lösung.»

«Gut», sagte Paul, «dann sag du mir eine.»

Der Vater schwieg. Soll er den Jungs raten, zu Hause zu bleiben? Das ist auch keine Lösung.

«Paul», sagte er, «die sind gewaltbereiter als ihr, die sind schneller, und dann habt ihr sie mit so einem Schlagstock erst recht provoziert.»

«Nenn uns eine bessere Lösung», sagte Fred.

«Keine Waffen», sagte der Vater, «mal ganz abgesehen davon, dass die verboten sind.»

«Gab es da nicht so einen Sponti-Spruch bei euch früher: ‹Wer sich nicht wehrt, lebt verkehrt›», sagte Paul. Der Vater stöhnte: «Aber nicht mit Gewalt.»

«Was tun», sagte Paul.

Dem Pubertisten hatte der Vater ja noch Ratschläge geben können. Er hat sie zwar nicht befolgt, aber vielleicht wären sie mal hilfreich im späteren Leben. Und nun? Der Vater kam sich reichlich hilflos vor. Auf jeden Fall war er sehr erleichtert, dass Paul schließlich doch auf die Aufrüstung verzichtete. Und wenn Paul des Nachts heimkommt in die Wohnung des Vaters und den Schlüssel ins Schloss steckt, wird der Vater kurz wach und schläft dann beruhigt weiter.

Wenn Paul heimkommt. So ein Postpubertist ohne weitere Schulverpflichtung entscheidet das nämlich sehr spontan. O ja, Paul ist schon sehr spontan. Paul hat jetzt was mit Bea. «Keine Beziehung, nur so halt.»

«Aha», sagt der Vater.

Paul hat jetzt auch was mit Moni. «Keine Beziehung, nur so halt.»

«Aha», sagt der Vater.

Ab und an übernachtet Julia bei Paul. Julia ist Pauls älteste Freundin, «aber wirklich nur Freundin».

«Aha», sagt der Vater.

«Nein, wirklich», sagt Paul.

Neulich kam Paul zum Vater in die Küche. «Mhmm», sagte er, «das wird lustig heute Abend.»

«Ist es nicht immer lustig?», fragte der Vater.

«Doch, schon, aber heute Abend wird es besonders lustig.»

«Kommt es zum Show-down der Damen?», interessierte sich der Vater.

«Ja», sagte Paul, «Bea ist da, Moni ist da, und Julia ist auch da.»

«Oha», sagte der Vater, «vielleicht solltest du doch klarere Verhältnisse anstreben.»

«Wieso, ist alles klar, alle wissen voneinander.»

«Aha», sagte der Vater.

«Wird trotzdem lustig», sagte Paul.

«Und», fragte der Vater, «kommst du heim?»

Paul grinste. «Eher nicht.»

«Und bei wem übernachtest du?»

«Ey, Papa, bin ich spontan?»

«Aha», sagte der Vater, «tu niemandem weh.»

«Keine Sorge», sagte Paul.

«Und moralisch ist aber alles okay», sagte der Vater.

«Las ich nicht einmal auch etwas über die Zeit, in der du Postpubertist warst?»

«Mag sein», sagte der Vater.

«‹Wer zweimal mit derselben pennt, gehört schon zum Establishment›», zitierte Paul.

«Bei dem Spruch war ich kein Postpubertist», sagte der Vater, «noch nicht einmal Pubertist.»

«Aha», sagte Paul.

«Was aha», sagte der Vater.

«So halt, gab es nicht auch so etwas wie Postachtundsechzig?»

«Ja, gab es», sagte der Vater.

«Aha.»

«Was schon wieder aha?», fragte der Vater.

«Ich meine ja bloß, Anne, Helene, Luise ...», sagte Paul.

«Schönen Abend noch, Paul», sagte der Vater.

Am anderen Morgen, der Vater saß schon seit Stunden
am Schreibtisch, denn es war später Nachmittag an
Pauls anderem Morgen, ging die Wohnungstür auf, und
ein aufgeräumter Paul kam herein.

«Morgen», sagte Paul, er schien gut gelaunt, aber müde
zu sein.

«'n Abend», sagte der Vater.

«Ha, ha», sagte Paul.

«Und, kam es zum Duell, zum Tripel?»

«Wird Zeit, dass ich ausziehe, was du alles wissen willst.»

«Bitte, gerne», sagte der Vater. Es wird wirklich Zeit, dachte er, das ist halt der Lauf der Dinge. Er schluckte ein bisschen.

«Na gut», sagte der Vater, «aber solange du deine Füße unter meinen Tisch stellst, werde ich wohl noch fragen dürfen, wie es mein Bub mit der Moral hält.»

«Darfst du nicht, aber bitte, ich bin ja großzügig.»

«Wo hast du jetzt geschlafen?», fragte der Vater. «Bei Bea, Moni oder Julia?»

«Herrgott», sagte Paul, «habe ich dich etwa zur Neugierde erzogen.»

«Wissen ist Macht», sagte der Vater.

«Quatschkopf!» Paul ging in sein Zimmer. Auf halbem Weg sagte er: «Nadine.»

«Hä», sagte der Vater.

«Bei Nadine habe ich übernachtet, war spontan.»

«Aha», sagte der Vater.

GROSSE PLÄNE

Paul ist auf dem Absprung. Toni, der Mitpostpubertist,
war schon im Reisebüro. «Mannomann», stöhnte er, als
er Paul besuchte, «die Flüge nach Sydney sind ganz schön
teuer.»
«Papa?», fragte Paul.
«Nein», sagte der Vater.
«Du kannst doch gar nicht wissen, was ich sagen will.»
«Doch, kann ich.»
«Sind zu deinen unvergleichlich vielen Fähigkeiten»,
fragte Paul, «nun auch noch hellseherische hinzugekom-
men?»
«Komm mir nicht so», warnte der Vater.
«Wie komme ich dir denn?», fragte Paul.
«Einschmeichelnd.»
«Ach, der Herr Vater glauben, das sei ernst gemeint
gewesen, das mit den unvergleichlich vielen Fähig-
keiten?»
«Etwa nicht?», fragte der Vater.
Paul lachte, Toni lachte.
«Phh», sagte der Vater.
«Die Flüge nach Sydney sind wirklich unverschämt
teuer», sagte Toni.

«Papa?», fragte Paul erneut.

«Nochmal nein, ich habe zwar unvergleichlich viele Fähigkeiten, unter anderen hellseherische, aber über die Fähigkeit, Geld zu zaubern, verfüge ich nicht.»

«Als ich noch Kind war, hast du mir immer vorgegaukelt, Väter könnten alles.»

«Habe ich nicht», erwiderte der Vater, «das hast du nur geglaubt.»

«O Kinderzeit, o Jugendglück», sagte Paul, «für kein Geld der Welt kommst du zurück.»

«Genau, womit wir wieder beim Thema wären. Den Flug nach Australien zahlst du von deinem Ersparten. Und den Rückflug auch.»

«Mhngmanney», sagte Paul, «und wenn ich nun da bleiben will, weil ich reich geworden bin durch das viele Arbeiten?»

«Dann komme ich dich in Australien besuchen», sagte der Vater, «und du zahlst meinen Flug.»

«Hört, hört», sagte Paul, «nichts investieren wollen und dann den Ertrag ernten, ist es das, was du mir fürs Leben beibringen willst?»

Es war eins dieser Männergespräche, bei denen der Vater gegen die Pubertisten-Logik, die Postpubertisten-Logik, die Postpostpubertisten-Logik – gegen Pauls Logik – nicht ankam.

«Bevor ihr die Flüge bucht», sagte er, «musst du ja wohl erst einmal das Abi-Ergebnis abwarten.»

Paul ging über den logischen Einwand des Vaters hinweg.

«Und wenn ich nach einem Jahr zurückkomme, wovon soll ich dann studieren?»

«Dann bist du ja reich», sagte der Vater.

«Das ist ja nun völlig unlogisch, wenn ich reich geworden wäre, würde ich ja in Australien bleiben und müsste von meinem extrem hart erarbeiteten Geld deinen Luxusurlaub und die Vergnügungsreise nach Australien finanzieren. Da ich aber heimgekehrt bin in den elterlichen Schoß, bin ich natürlich nicht reich geworden.»

«Weil du all dein Geld ausgegeben hast», sagte der Vater, «für Wein, Weib und Gesang. Und den Rest hast du verprasst.»

«Ich», sagte Paul, «nie im Leben. Der Arbeitsmarkt war halt nicht so in Australien. Und dann kann ich nicht studieren, bleibe dumm und werde nicht so ungemein klug wie der Herr Vater.»

«Ich werde dich schon unterstützen», sagte der Vater, «es hat aber schon Studenten gegeben, die neben ihrem Studium gejobbt haben. Mich zum Beispiel. Ich habe damals ...»

Paul unterbrach den Vater, «bitte jetzt keine Erzählungen aus dem Nachkriegsdeutschland.»

«Unverschämtheit», sagte der Vater, «so alt bin ich nun auch nicht.»

«Schau, Papa, wenn du noch nicht so alt bist, dann kannst du doch wunderbar weiterarbeiten, statt dich auf Kosten des Sohnemanns in Australien rumzutreiben.»

Der Vater kannte Pauls Spitzfindigkeiten ja nun schon seit vielen Jahren. Die hatten ihn kürzlich zu einer düsteren Vision gebracht. Das war, nachdem der Vater in der Zeitung angekündigt hatte, dass er, der Vater, nun bald nicht mehr über ihn, nämlich Paul, berichten werde.

Eine freundliche Familie hatte damals einen herzlichen Brief geschrieben und den Vater dringlich aufgefordert, ein weiteres Kind in die Welt zu setzen, wahlweise den Postpubertisten dazu zu bewegen, es selbst zu tun. Der Vater hatte um Erbarmen gebeten und sich ausgemalt, wie das mit seinem Paul so sein würde, wenn er, Paul, ihn, den Vater, zum Opa gemacht hätte und die Mutter zur Oma. Höchstwahrscheinlich folgendermaßen: «Du, Papa», wird Paul sagen, «hör mal.»

«Mhmm», wird der Vater (Opa) sagen.

«Wenn ich mich recht erinnere, hast du doch, als ich noch Pubertist war, also bevor ich Postpubertist war ... »

«Paul, bitte», wird der Vater (Opa) sagen, «mach es nicht so kompliziert. Was willst du?»

«Nun mal langsam», wird Paul erwidern, «kommen im Alter nicht die Geduld und die Gelassenheit?»

«Wenn du willst», wird der Vater (Opa) sagen, «kann ich auch auflegen.»

«Ruhig Blut», wird Paul sagen, «reg dich nicht auf», wird er sagen, «denk ans erhöhte Herzinfarktrisiko ab einundfünfzig.»

«Brut», wird der Vater (Opa) sagen, «missratene Brut.»

«Also, wenn ich mich recht erinnere, hast du damals stets gesagt, dass nur Eltern, die auch mal ausgehen dürfen, gute Eltern sein können.»

«Oha», wird der Vater (Opa) sagen, «mir schwant Ungemach.»

«Na ja, und heute wollen Sophie (oder Anne, Lena, Lisa, Jane, Sarah, Bea, Moni, Julia oder wie auch immer die Kindsmutter dann heißen wird) und ich ausgehen, und dann könntest du doch ... »

«Halt, halt», wird der Vater (Opa) sagen, «ich habe heute Theaterkarten.»

«Aha, und nur, weil du Theaterkarten hast, sollen wir jetzt schlechte Eltern sein.»

Der Vater (Opa) wird daraufhin gar nichts sagen.

«Habt ihr das bei mir auch so gemacht?», wird Paul fragen.

«Ph», wird der Vater (Opa) sagen, «du warst immer das Wichtigste. Und außerdem gab es keine Oma und keinen Opa, der auf dich aufgepasst hätte.»

«Und da wunderst du dich», wird Paul sagen.

«Worüber?», wird der Vater (Opa) fragen.

«Dass ich», wird Paul sagen, «eine missratene Brut geworden bin?»

«Mhngmanney», wird der Vater (Opa) sagen.

«Die Sorge», sagte Paul zu der Vision des Vaters, «brauchst du wirklich nicht zu haben, ich gedenke, mich noch geraume Zeit nicht festzulegen auf eine Kindsmutter.»

«Uff», der Vater wischte die Vision beiseite.

«Erst einmal kommt Australien.»

Der Vater schwieg.

«Was bist du so still», sagte Paul.

«Ich habe nachgedacht», sagte der Vater.

«Soll ja manchmal helfen», sagte Paul.

«Oh, Mr. Obercool, pass mal auf, dass du nicht eines Tages von deinem hohen Ross fällst.»

«Und was war das Ergebnis deiner Überlegungen?», fragte Paul.

«Dass vor Australien, wie auch immer finanziert, erst

einmal das Abitur kommt. Noch, Paul, hast du kein Ergebnis.»

«Stimmt ja», sagte Paul, «wo du es sagst, fällt es mir wieder ein, ich brauche Geld.»

«Ich auch», sagte der Vater, «mein Geld hast du im Laufe der Jahre ausgegeben.»

«Du übertreibst», sagte Paul, «du übertreibst maßlos.»

«Tu ich nicht», sagte der Vater.

«Wohl, wohl, so wie du immer übertrieben hast, wenn du zum Beispiel behauptetest, ich würde stundenlang die Telefonleitung blockieren.»

Das Männergespräch nahm grundsätzliche Züge an.

«Stimmt», sagte der Vater, «es war tagelang. Von dem Geld könnte ich mir heute wahrscheinlich eine Yacht kaufen.»

«Du bist doch gar kein Segler», sagte Paul.

«Oder einen Motorroller.»

«Du kannst dir doch meinen ausleihen», sagte Paul.

«Gute Idee», sagte der Vater.

«Äh», sagte Paul, «da fällt mir noch etwas ein …»

«Nee, ne?», sagte der Vater.

«Doch, ja, äh, der Roller ist gerade kaputt, und ich habe kein Geld …»

«Nee, ne? Weiß Mama schon davon?»

«Ja», sagte Paul.

«Und was hat sie gesagt?»

«Nee, ne», sagte Paul.

«Wie viel?», fragte der Vater.

«Weiß ich nicht, das meinte ich vorhin auch nicht.»

«Also noch mehr Geld», sagte der Vater.

«Hundert Euro», sagte Paul, «ist für den Abiball.»

«Feiert ihr im Adlon?»

«Gemach, Herr Vater, ist für uns alle drei, für Speis und Trank.»

Der Vater gab Paul das Geld.

«Und neu einkleiden», sagte Paul, «muss ich mich auch.»

«Paul im Anzug!»

«Wir wollen es nicht übertreiben.»

Der Vater gab Paul das Geld.

«Äh», sagte Paul, «äh, der Roller, äh, es würde natürlich alles schneller gehen, wenn ich meine Einkäufe mit dem Roller erledigen könnte.»

«Du wolltest ihn doch sowieso mir ausleihen.»

«Hinterher, erst einmal muss ich ihn ja wohl reparieren lassen, bevor ich ihn dir ausleihen kann.»

Der Vater gab Paul noch mehr Geld.

«Äh», warf Toni, der Mitpostpubertist, ein: «Mannomann, die Flüge nach Sydney sind ganz schön teuer.»

Ein paar Tage darauf saßen Paul und der Vater mal wieder beim Bier zum Männergespräch beisammen. Paul war komplett neu gestylt zum Treffen gekommen. Neben den Ballsachen hatte er sich noch ein paar andere Klamotten zugelegt. Die Dreads sind ja schon länger ab. Käppi auf dem Kopf, quergestreifte Jacke, leichte, coole Sommerhose, Schuhe, so eine Art Seglerschuhe, sah aber alles in allem ganz gut aus, der Bub.

«New Look?», fragte der Vater.

«Gut, oder», sagte Paul.

«Und was ist mit dem Parka und den Stickern ‹Nazis raus›?», fragte der Vater.

«Habe ich schon auch noch, ziehe ich auch an, und bei

den Stickern ist wichtiger, dass ich sie im Kopf behalte. Kommen gut an, die neuen Klamotten.»

«Bei den Frauen», mutmaßte der Vater.

«Jau», sagte Paul.

«Das hat ja schon länger Priorität», sagte der Vater.

«Unbedingt», sagte Paul.

«Und die politische Aufklärung?»

«Erst kommt das Fressen, dann die Moral.»

«Aha», sagte der Vater.

«Du schaust so betreten», sagte Paul.

«Na ja», sagte der Vater mit leicht belegter Stimme, «es geht aufs Ende zu.»

«Du meinst, dein Erziehungsauftrag ist beendet?»

«Wahrscheinlich gescheitert», sagte der Vater.

«Sehr witzig, der Herr Vater heute mal wieder, sehr witzig.»

Die Karten für den Abiturball hatte Paul auch schon besorgt.

Dann klingelte beim Vater das Telefon.

TAG DER WAHRHEIT

Paul, Paul, was hast du getan?

«Mhngmanney», sagte Paul, «ich habe ganz schönen Mist gebaut.»

Wäre dem Vater in diesem Moment nach Leichtigkeit gewesen, nach Scherzen, nach Ist-doch-alles-halb-so-wild, er hätte wahrscheinlich erwidert, «trefflich formuliert, der Herr Sohn.»

Und Paul, der Postpostpubertist und gefühlte Postabiturient, hätte mit dieser Leichtigkeit und in Scherzen, mit dieser Papa-das-wird-schon-mach-dir-keine-Sorgen-Haltung geantwortet, «jau, jau, Lust auf eine Partie Billard, bei der ich den alten Herrn vorführen werde? Oder doch lieber Squash, ohne Chance für dich? Vielleicht lieber ein Männergespräch beim Abendbier, das du zahlst?»

Der Vater wäre wahrscheinlich im Squash an den Rand des Herzinfarkts gegangen, hätte beim Billard nur hauchdünn verloren, aber so was von hauchdünn …

«Was hältst du von einer Partie Kicker?», hätte Paul gefragt …

… und der Vater wohl nur aufgestöhnt … wie auch beim anschließenden Männergespräch, weil Paul als Postabiturient natürlich kein Geld hat und der Vater wieder hätte zahlen müssen.

«Mhngmanney», hätte der Vater gesagt.

Und Paul vielleicht: «Tja, habe ich mich in die Welt gesetzt oder ihr mich.»

Wahrscheinlich wären die beiden, der ältere Mann und der jüngere Mann, am Ende doch ins Grundsätzliche geraten.

«Weißt du noch», hätte der Vater sagen können, «wie das anfing mit den Berichten über den Pubertisten?»

Und Paul hätte gewusst. Wie er vierzehn Jahre alt geworden war, heftig pubertierte, und wie der Vater diese Pubertät, Pauls Qualen und Freuden daran aufschrieb und vor allen Dingen die Leiden der Eltern an den hormonellen Achterbahnfahrten ihres Sohnes.

Der Vater hätte wahrscheinlich, nein, mit großer Sicherheit, daran erinnert, wie es zu Paul, dem Namen, gekommen war, Paul, das ist ein Pseudonym. Der Vater hatte sich immer Paul als Kindsnamen vorgestellt, hatte sich vorgestellt, dass irgendwann ein paar Jungs an der Wohnungstür klingeln oder von unten rufen: «Kann Päule mit zum Kicken kommen?» Und die Vorstellung hatte dem Vater gut gefallen. Er hätte es bestimmt erlaubt. Aber die Jungs waren auch so gekommen, hatten nach Päule mit Echtnamen gefragt. Den hatte die Mutter durchgesetzt. Mit Recht. Die Familie wohnte bei Pauls Geburtstag noch tief im Süden des Landes, und dort hatte Paul in etwa den Geschmack von Petrus und Franziskus, und das wollte der Vater nun wirklich nicht. Paul wurde gestrichen, Paul wurde Zweitname. Dann, als der Vater begann, die Geschichte des Pubertisten aufzuschreiben, hatte sich Paul ein Pseudonym ausbedungen, und er hatte für sich auch ein Vetorecht reklamiert, was die Themenauswahl anging, und – selbstverständlich – auch das Erstleserecht vor der Publikation all seiner Geschichten. Er hatte allerdings – möglicherweise sind Pubertisten dann doch zu stolz für die Anonymität – ganz schnell, zumindest im Freundeskreis seiner Schulklasse, das Geheimnis gelüftet: «Du», hatte Paul zu seinem Kumpel Lukas gesagt, «der Paul, über den du da in der Zeitung lesen kannst, das bin übrigens ich.»

So wäre er in diesem Männergespräch ins Grübeln gekommen, denkt der Vater, mit Sicherheit wäre er ins Grübeln gekommen.

Wäre es zu diesem Männergespräch gekommen, hätte der Vater gewiss noch ein Bier geordert. Zwei. Weil Paul es sich ja verdient hätte.

«Das Ende naht ja», hätte der Vater gesagt, «außerdem geht mir der Stoff aus.»

«Soll ich mein Zimmer wieder verwüsten?», hätte Paul fragen können.

«Das geht doch gar nicht mehr», hätte der Vater daraufhin wahrheitsgemäß gesagt.

Und wenn Paul geantwortet hätte: «Ich kann es ja zur Abwechslung mal aufräumen!?»

Dann hätte der Vater antworten können, dass dies «kein Stoff für einen Bericht über einen Postpubertisten sei, sondern für eine Sensationsnachricht, eine Weltsensation». Der Vater hätte kurz aufgeblickt und gesagt: «Ich bin aber kein Sensationsjournalist, du und dein Zimmer aufräumen, da kann ich ja gleich behaupten, auf dem

Mars sei Leben entdeckt worden, pubertistisches Leben, das wäre genauso wahrscheinlich.»

Was hätte Paul wohl in dieser unbeschwerten Situation gesagt, in dieser Ist-doch-alles-halb-so-schlimm-Stimmung? «Ach, Gottle, wie lustig, was habe ich gelacht.» Und: «Du kannst ja über deine Unbeholfenheit vor dem Laptop berichten. Kannst du jetzt schon unfallfrei mailen, wenn ich nicht da bin?»

Das wäre dann der Moment gewesen, in dem der Vater sich an seinen Leser hätte erinnern können, den Leser K. Und dann hätte er sagen können: «Der Leser damals hatte doch recht, als er mir empfahl, dir eine runterzuhauen.»

Was hätte Paul schon geantwortet? «Ha, ha, versuch es doch. Ich war damals schon zwei Köpfe größer als du.»

«Im Sitzen komme ich schon noch ran», hätte der Vater gesagt.

Und dann? Hätte der Vater vorgeschlagen, dem Sohn eine zu knallen, wie der es verdient hätte? Links und rechts? Paul hätte mit Sicherheit seine Spitzfindigkeiten ausgegraben und auch sein Erinnerungsvermögen. «Las ich nicht kürzlich bei dir, dass der Homo sedativus nicht randaliert?»

Und der Vater hätte sich womöglich zu einem dubiosen Sprachbild hinreißen lassen und gefragt: «Who the fuck is the homo sedativus?»

Paul wäre dann gewiss aufs Erinnerungsvermögen des Vaters gekommen, auf sein Alter, «phh», hätte der Vater erwidert … und hätte erklärt: dass der Homo sedativus der sitzende Mensch wäre und dass der Vater ja nun unbestreitbar vor ihm sitze, «sitzt und nicht stehst», hätte

Paul gesagt, «und wenn der Homo sedativus nicht randaliert, und ich glaube ja fest an das, was du schreibst,
dann kannst du mir keine runterknallen. Abgesehen
davon, dass ich das sehen möchte.»

«Ach, Paul», hätte der Vater gesagt.

Kann doch sein, dass die beiden dann auf die vergangenen Jahre zurückgekommen wären, auf die Zeit, als
Paul noch Pubertist war.

«Eigentlich waren diese fast sechs Jahre doch auch lustig», könnte Paul gesagt haben. Paul ist jetzt fast zwanzig
Jahre alt, und wenn die Zeit des Pubertisten so mit vierzehn Jahren anfängt, dann hat er zumindest mathema-
tisch recht.

«Für dich vielleicht», hätte der Vater dann vermutlich
gesagt.

«Komm, gib zu, du hast doch auch gelacht.»

Dann hätte der Vater gesagt: «Hinterher vielleicht,
wenn deine Schandtaten zu Papier gebracht waren.»

«Mhngmanney!» Paul hätte bestimmt protestiert. «Von
wegen Schandtaten, so schlimm war ich gar nicht. Nur
so wie alle.»

«Eben», wäre eine mögliche Antwort des Vaters gewesen.

«Pubertät», hätte Paul darauf wahrscheinlich gesagt, «ist
die Zeit, wenn Eltern schwierig werden. Dass ihr immer
übertreiben müsst.»

Aber so leicht hätte der Vater noch nicht klein beigege-
ben. «Nein, Paul», hätte der Vater vielleicht gesagt, «du
wirst es erleben, hoffentlich noch nicht so bald.»

«Habe ich nicht vor», hätte Paul bestimmt gesagt, «ich
habe andere Prioritäten, «obwohl, ihr habt ja jetzt Er-

fahrung mit Pubertisten, da könnt ihr ja die Erziehung übernehmen.»

Was wäre dem Vater dazu eingefallen? Vielleicht: «Mit dem Entsetzen treibt man keine Scherze.»

Und so hätten die beiden weiter dagesessen, hätten gescherzt, gegrübelt, ist-doch-halb-so-wild gedacht, in Erinnerungen geschwelgt.

«Du meinst, mein Leben als transparente Person ist also nun jetzt vorbei», hätte Paul vielleicht in einem lichten Moment gesagt.

«Du warst doch keine transparente Person.» Der Vater hätte heftig protestiert. «Du warst eine exemplarische Person.»

Paul hätte auch heftig protestiert. «Du hast alles über mich ausgeplaudert», hätte er gesagt, «mein Aufräum-verhalten ...»

«Da gab es ja keins», hätte der Vater eingeworfen.

«Hi, hi, wie witzig», hätte Paul zurückgeworfen.

«Nicht wirklich ...», hätte der Vater sagen können.

«Mein Essverhalten», hätte Paul dann gesagt.

«... Fressverhalten», hätte der Vater dagegenhalten können.

«... mein Trinkverhalten», wäre Paul womöglich fortge-fahren.

«Das mit dem anschließenden Bäuerchen?» Mit Sicher-heit hätte der Vater die Bäuerchen von Paul ins Spiel ge-bracht.

«Ich habe schon lange nicht mehr gerülpst», hätte Paul entrüstet gesagt.

Das wäre die Gelegenheit für den Vater gewesen. «Groß-artig», hätte er sagen können, «dann haben Mama und ich ja wenigstens diesbezüglich den Erziehungsauftrag erfüllt.»

Paul hätte nicht lockergelassen bei diesem erinnerungsschweren Männergespräch. «Du hast sogar von meinen ersten Rasurversuchen berichtet», hätte er bestimmt gesagt.

«Ja», wäre eine mögliche Antwort des Vaters gewesen, er wäre ja bei Stimmung gewesen an diesem Abend, «ja», hätte er gesagt, «deine erste Rasur, das Stochern im Nichts.»

«Von der Schule hast du auch berichtet», hätte Paul gesagt.

«Ja», hätte der Vater geantwortet, er wäre jetzt wirklich gut drauf gewesen, «vom Stochern im Nichts.»

«Hört, hört», Paul hätte an dieser Stelle eine Gelegenheit zum Einlenken gefunden.

Aber dem Vater war in diesem Moment nicht nach Leichtigkeit, nach Scherzen, nach ist-doch-alles-halb-so-wild.

Auch Paul, der Postpostpubertist und gefühlte Postabiturient, war nicht leicht und voller Scherze.

Paul, Paul, was hast du getan?

«Ich habe ganz schönen Mist gebaut», sagte Paul.

Als das Telefon geklingelt hatte, war der Vater ans Telefon gegangen. «Ist Ihr Sohn zu sprechen?», hatte die Stimme gefragt.

«Nein», hatte der Vater gesagt, «der ist nicht da.»

«Mhmm», hatte die Stimme gesagt.

«Was mhmm?», hatte der Vater gefragt, man ist ja immer in Sorge als Vater.

«Ihr Sohn», hatte die Stimme gesagt, «ist ja volljährig,

und jetzt weiß ich gar nicht, ob ich Ihnen das sagen darf.»

«Und wer ist da?», hatte der Vater gefragt.

«Ich bin Lehrer an der Schule Ihres Sohnes.»

«Ja, und?»

«Ihr Sohn, tut mir ja leid, wir haben alles versucht … Ihr Sohn ist durchs Abitur gefallen.»

«Das Leben geht weiter», sagte der Vater.

«Das Leben geht weiter», sagte die Mutter.

Paul muss seine Weltreise und all seine anderen Pläne noch um ein Jahr verschieben. Der Vater sein Leben in der Postpostpostpubertät auch.

PFLICHTEN

Mitunter denkt der Vater, er habe seinen Erziehungsauftrag gründlich vermasselt. Gehört nicht auch der
Hinweis zur Vorbereitung aufs Leben, dass nicht alles
leicht und mühelos klappt? Vielleicht hätte der Vater
den Hinweis viel früher geben müssen, denn was nützt
schon ein Hinweis bei einem Pubertisten? Nichts! Bei
einem Postpubertisten? «Was Paulchen nicht lernt,
lernt Paul nimmermehr», sagt der Vater.

Unter normalen Umständen hätte Paul jetzt gewiss die
Klugscheißerei des Vaters hervorgehoben, sich irgendwie
höhnisch zu Wort gemeldet und irgendetwas von «du
musst es ja wissen» gesagt. Aber Paul spricht im Moment
nicht so viel, man könnte fast sagen, dass er ein wenig
zerknirscht wirkt.

Was für eine Chance hat so ein Pubertistenvater schon?
Bislang war Paul durch die Schule spaziert, ach was, ge-
tänzelt. Mitunter war es so, als strebe er einen Eintrag
im Guinness-Buch der Rekorde an, als Schüler, der mit
dem geringsten Aufwand, also null Aufwand, die Reifeprüfung besteht. Die Anzahl schlechter Noten, die Paul
in all den Jahren nach Hause brachte, waren an einer
Hand abzuzählen gewesen. Und wenn doch einmal eine

Fünf in Latein dabei war, hatte Paul den Null-Aufwand verdoppelt und es dann trotz dieser Doppelnull irgendwie geschafft. Hätte der Vater da in die Schule laufen sollen und die Lehrer bitten, Paul doch mal eine pädagogische oder therapeutische Fünf zu geben? Auf dass der Bub den Zusammenhang von eigener Leistung und Ertrag begreife? Paul hätte bestimmt den Zusammenhang zwischen dem Schulbesuch des Vaters und seiner Note begriffen, die schlechte Note dem zufolge nicht auf sich bezogen und ernst genommen schon gar nicht.

Hätte der Vater Paul mit Härte kommen sollen, mit der Androhung von Strafe; Taschengeldentzug, irgend so etwas? Paul hätte mit einigem Recht gefragt: «Warum? Weshalb? Wozu?»
Auf schlechte schulische Leistungen hätte der Vater sich ja nicht berufen können. Vielleicht auf einen besseren Durchschnitt, auf die spätere Karriere? Der Vater hat Pauls Argumentationskette in den Ohren: «Ach», hätte Paul gesagt, «Karrieregeilheit, Ellenbogenmentalität, sind das die Werte, die der sorgende Vater dem strebsamen Sohn vermitteln will?»

«Weißt du was», sagt Pilz, der alte Freund des Vaters und Vater von Mitpostpubertistin Lene, «wir haben es der Brut immer viel zu leicht gemacht.» Bei Lene verhält es sich schulisch ähnlich wie bei Paul. «Man hat denen ja alles abgenommen», sagt Pilz, «denen geht's ja viel zu gut.» Und dann hob er das Bierglas und schaute den Vater etwas schräg an.
«Irgendwoher kenne ich solche Sprüche», sagt der Vater.

«Von unseren Eltern», sagt Pilz.

«Prost», sagt der Vater, «prost Mahlzeit.»

Dem Vater waren noch mehr altbackene Sätze eingefallen, «Hochmut, Paul, Hochmut kommt vor dem Fall» zum Beispiel, aber die hat er Paul nicht gesagt, weil er sich dabei sehr hochmütig vorgekommen wäre und triumphierend. «Ich habe dich gewarnt, sage nicht, ich hätte dich nicht gewarnt» ist auch so ein Satz, der möglicherweise richtig ist, aber nichts hilft. Und außerdem, er hätte dem Postpubertisten seine Hochnäsigkeit austreiben sollen. «Aber wie?», fragt der Vater. Was für eine Chance hat so ein Vater schon?

«Prost», sagt Pilz, «issjaaueal. Außerdem geht davon die Welt nicht unter.»

Paul ist, was die Schule angeht, viel ernsthafter geworden. Paul wohnt jetzt beim Vater. Das war zwar so nicht geplant, geplant war, dass Paul längst in Australien ist, um sich die Welt und das Arbeitsleben anzuschauen, bevor er sich eine eigene Wohnung nimmt und das Studium beginnt, «aber man muss flexibel sein», sagt Paul, «gerade du im höheren Alter.» Langsam gewinnt er seine Sprache wieder.

Paul ist so ernsthaft geworden, man kann wirklich den Eindruck haben, dass er den Knall gehört hat. Ja, manchmal denkt der Vater, dass es doch viel netter wäre, wenn Paul mal seinen Schreibtisch von all dem Unrat befreien und ihn als Schreibtisch nutzen würde, statt auf einer Matratze auf dem Boden zu lernen. Da ist er allerdings seinen Kleidungsstücken und Schulunterlagen näher, die liegen nämlich auch auf dem Boden verteilt. Wenn der

Vater sich diesbezüglich äußert, pocht Paul auf das Recht des Postpubertisten: «Hatten wir nicht klar ausgemacht, dass du dich um dein Zimmer kümmerst und ich mich um meins?»

«Hatten wir», sagt der Vater, «genau.»

«Und?», fragt Paul.

«Ich kümmere mich um meins», sagt der Vater, «du dich nicht um deins.»

«Die Frage ist, wie ‹sich kümmern› zu definieren ist», sagt Paul, «ich kümmere mich um die wesentlichen Dinge des Lebens.»

«Bea, Moni, Julia, Nadine», sagt der Vater.

«Auch», sagt Paul, «aber vor allem Homer, Platon, Brecht, Döblin, die Politikwissenschaft, die Physik. Wie der Herr Vater bemerkt haben könnte, lerne ich nämlich für die Schule. Anders als du damals habe ich nicht vor, einen Fehler zweimal zu machen.»

«Gut, gut», der Vater schließt die Augen, verlässt Pauls Zimmer, schließt auch die Türe und fasst den Vorsatz, das Zimmer so bald nicht mehr, und wenn, nur unter Zwang zu betreten.

Es kommt nun öfter zum Methodenstreit. «Schau, Paul», sagt der Vater, «deine Methode hat sich ja nun als untauglich erwiesen.»

«Mhngmanney», sagt Paul.

«Wäre es da keine schlaue Idee, die Methode zu ändern?»

«Mache ich doch», sagt Paul, «ich lerne.»

«Also, ich meine ja, dass eine gewisse Ordnung dazugehört.»

«Und ich meine das nicht», sagt Paul, «lass mich einfach in und mit meinem Zimmer in Ruhe, ich arbeite dann schon für die Schule.»

«Höre ich nicht manchmal Gelächter aus deinem Raum klingen», fragt der Vater.

«Wohl, wohl», sagt Paul, «es wird dir jeder Mensch bestätigen, dass es auch Pausen geben muss, am siebten Tage sollst du ruhen. Wo steht geschrieben, dass ich für meine Pausen meine Räumlichkeiten verlassen muss?»

Pauls Methode hat etwas für sich. Für Paul nämlich. In so einem gemeinsamen Haushalt gibt es natürlich auch ein paar Pflichten, selbst für einen Postpubertisten. Das haben Paul und der Vater so vereinbart.

«Du», sagt Paul.

«Was du?», fragt der Vater.

«Du hast es vereinbart», sagt Paul.

«Also das Bad, die Küche, der Flur sind ja wohl gemein-
schaftlich genutzte Räume.»

«Durchgangszimmer», sagt Paul, «für mich sind es
Durchgangszimmer, nur für den vorübergehenden Auf-
enthalt gedacht.»

Wenn der Vater Paul dann auffordert, doch bitte heute
auch einmal den Abwasch zu bewältigen, muss Paul
gerade lernen. «Später», sagt Paul dann. Wenn der Vater am Abend von der Arbeit heimkommt, steht der
Abwasch unbewältigt in der Küche. Und Paul sitzt in
seinem Zimmer.

«Paul, wolltest du nicht», sagt der Vater.

«Ich sagte doch, später, ich muss lernen.»

Kurz darauf hört der Vater Paul telefonieren. Das dauert. Wenn die Dauer vorbei ist, kommt Paul aus seinem
Zimmer.

«Lernt ihr jetzt telefonisch», sagt der Vater.

«Ich habe mit Moni gesprochen», sagt Paul, «der Mensch
lebt nicht vom Lernen allein.»

«Aha, dann kannst du ja jetzt abspülen.»

«Keine Zeit», sagt Paul, «jetzt muss ich wieder lernen.»

Später am Abend, nachdem der Vater abgespült hat,
kommt Paul aus seinem Zimmer. Er tritt vors Regal des
Vaters. «Du müsstest mal wieder Filme kaufen, die hier
kenne ich schon fast alle.»

Beim Vater in der Wohnung steht kein Fernseher. Dafür
wächst langsam eine kleine Videothek heran. «Ist ja
super», sagt der Vater, «wenn du lernst, hast du keine
Zeit für die häuslichen Pflichten, klar. Wenn du Pause

machst, hast du keine Zeit für den Haushalt. Wenn ich den Haushalt gemacht habe, hast du Zeit für die Freizeit. Ist es das, was dir vorschwebt?»

«Papa», sagt Paul, «was regst du dich auf, ich lerne doch.»

«Mit meinen Filmen?», fragt der Vater.

«Ich lerne Englisch.»

«Hört, hört», sagt der Vater.

«Schau, Papa, in der Schule habe ich es nicht gelernt . . .»

«Wem sagst du das», sagt der Vater.

«Mhngmanney, als ob das meine Schuld gewesen wäre. Ist doch ständig ausgefallen, hast du dich oft genug drüber aufgeregt.»

Der Vater sagt nichts, da hat er recht, der Paul.

«Und jetzt hole ich die Defizite eben nach.»

«Mit meinen Filmen.»

«Genau, ich schaue in Englisch.»

«Und jetzt geht dir der Lernstoff aus.»

«Klug geschlussfolgert, der Herr Vater», sagt Paul, «genau, du solltest mal einkaufen gehen.»

«Das kostet», sagt der Vater, «leistest du einen Beitrag?»

«Ich habe kein Geld», sagt Paul.

«Arbeitengehen bringt Geld», sagt der Vater.

«Keine Zeit», sagt Paul, «ich muss lernen.»

«Mhngmanney», sagt der Vater.

BENUTZT

Kürzlich wurde Paul noch einmal in seinen Sicher-
heiten erschüttert. Das ist nicht unbedingt das Schlechteste, denkt der Vater inzwischen, wenn so ein Postpubertist auch mal einen Schuss vor den Bug bekommt.
Verlieren zu lernen ist ja nicht die schlechteste Erfahrung, die man im Leben machen kann.
Kurzfristig war allerdings auch der Vater ein wenig irri-
tiert.
Das war, als Paul so gegen sechs Uhr am Abend auf dem
Handy anrief und fast nicht sprechen konnte vor Wut
und Erregung.
«Ich habe gerade, oh, das darf nicht wahr sein ...!», rief
Paul ins Handy, «oh, nein, ich werde wahnsinnig, das gibt
es gar nicht, das ist doch nicht möglich!»
«Paul», sagte der Vater, «Paul, hallo, ist es möglich zu er-
fahren, was passiert ist? Was hast du gerade?»
«Nein, diese Schweine!», brüllte Paul, «diese Idioten! Ich
drehe durch, die machen alles kaputt!»
«Paul!», der Vater war jetzt doch etwas besorgt, «ist was
mit der Schule, was ist denn los?»
«Nein», sagte Paul, «mit der Schule ist alles bestens. Ich
habe gerade einen Anruf bekommen. Auf dem Handy,

ich weiß gar nicht, woher die meine Handy-Nummer haben. Und weißt du, von wem?»

«Paul, bitte.» Der Vater stand gerade in der U-Bahn. Eigentlich plädiert er ja dafür, dass das Handy-Telefonieren in U-Bahnen, Bussen, Zügen mit dem Entzug des Handys bestraft gehört, nicht unter zwei Jahren. Und nun stand er selbst da, konnte schwerlich sagen, dass er gleich zurückrufe, weil der postpubertierende Bub ganz offensichtlich ein Problem hatte. Da kann man als Vater nicht immer prinzipientreu sein.

«Paul, bitte», sagte er noch einmal. «Wie soll ich wissen, wer dich angerufen hat.»

«Das Kreiswehrersatzamt», schnaubte Paul, «irgendwas stimmt mit meiner Ausmusterung nicht, da ist ein Fehler unterlaufen, ich bin verwechselt worden, ich bin nicht ausgemustert, ich muss nochmal hin, in zwei Wochen, aber da kann ich nicht, da schreibe ich eine Klausur, was soll ich denn jetzt machen, ich muss jetzt sofort ein Schreiben aufsetzen und um Terminverschiebung bitten, das darf doch gar nicht wahr sein, ich bin nicht ausgemustert, ich drehe durch.»

«Paul, Paul», sagte der Vater, «jetzt beruhige dich erst mal, ich bin gleich zu Hause. Das kann ja gar nicht sein, du hast doch den Ausmusterungsbescheid.»

«Ja, ja, ja!», rief Paul, «das wissen die auch, trotzdem, der ist ungültig.»

«Quatsch», sagte der Vater, «jetzt warte ab.»

Er hatte noch drei Stationen mit der U-Bahn zu fahren. Das kann ja wirklich nicht wahr sein, dachte der Vater. Paul war doch hochoffiziell als untauglich für die Bundeswehr eingestuft worden. Bekanntlich aus Gründen, die der Vater nicht guthieß. Diesen Gründen, nämlich den aromatischen Kräutern, hatte Paul inzwischen schon längst abgeschworen, aber das ändert ja nichts an der Tatsache, dass bei Paul im Zimmer sichtbar an der Wand der Ausmusterungsbescheid hing. Da stimmt irgendwas nicht, dachte der Vater, war aber doch auch ein wenig erschrocken, dachte kurz, na also, so einfach ist es dann doch nicht, mal kurz einen Joint rauchen und dann entbunden werden von den staatsbürgerlichen Pflichten. Dann war er am Ziel, stieg aus der U-Bahn, blieb stehen, schlug sich mit der Hand vor die Stirn und grinste. Ach, Paul, dachte der Vater, und lachte. Das war dann doch noch einmal einen sofortigen Anruf wert.

«Du, Paul», sagte der Vater.

«Was denn?», rief Paul, «der Drucker funktioniert nicht, ich kann die Terminverschiebung nicht ausdrucken, und eine Schulbescheinigung brauche ich auch noch!» Paul war hörbar noch nicht beruhigt.

«Paul, sag mal, die Stimme, die dich da angerufen hat ... » Paul fiel dem Vater ins Wort: «Was soll mit der Stimme gewesen sein?» Paul war auch hörbar ungehalten.

«Was war das für eine Stimme?»

«Eine männliche, ist doch völlig egal.»

«War es eine junge Stimme? So in deinem Alter?»

«Ja. Und, ist das wichtig?»

«Mhmm», sagte der Vater, «und der Anruf kam gerade, so gegen 18 Uhr? Vom Kreiswehrersatzamt? Einer Behörde?»

«Oh, Mann», sagte Paul, «du nervst, ich habe jetzt andere Probleme als diese blöde Fragerei.»

«Paul», sagte der Vater, «in zehn Minuten bin ich zu Hause. Und bis dahin schau mal auf den Kalender.»

«Äh», sagte Paul, «oh, nee, ne, meinst du wirklich. Nein, glaube ich nicht, ja, ja, ist der 1. April, aber nein, das war ein hochoffizieller Anruf.»

«Ja, ja», sagte der Vater.

Paul war aber nur ein wenig beruhigt, als der Vater daheim angekommen war. Eigentlich war er gar nicht beruhigt. «Ich habe alle meine Freunde angerufen, von denen war es keiner.»

«Wenn überhaupt», sagte der Vater, «dann käme so eine Mitteilung schriftlich, nicht per Handy.»

«Die haben geschrieben, hat der Typ gesagt, aber die Briefe seien nicht angekommen.»

«Aha», sagte der Vater, «und wohin haben die geschrieben?»

«Na, hierher, die wussten alles, die wussten die neue Anschrift, mhmm, die können die aber eigentlich gar nicht haben.»

«Eben, Paul, eben. Da hat dich jemand auf die Rolle genommen.»

Aber endgültig beruhigt war Paul erst, als er am nächsten Wochentag beim Kreiswehrersatzamt angerufen hatte. Die Frau am anderen Ende habe sich schier ausgeschüttet vor Lachen. «18 Uhr, ein Anruf vom Kreiswehrersatzamt, wie soll das denn gehen, junger Mann», hatte sie gesagt, und: «Sie sind ausgemustert, da beißt die Maus keinen Faden ab. Den Widerspruchstermin haben Sie verpasst. Tut mir leid.»

«Mir auch», hatte Paul geantwortet, «o ja, mir auch.»

Ist das jetzt eigentlich beruhigend, wenn es ohne mich dann doch noch nicht immer geht, dachte der Vater.

Oder ist es eher beunruhigend? Ein paar Tage nach dem Aprilscherz war es einfach nur anstrengend. Paul hatte Mitpostpubertist und Postabiturient Toni nach Cottbus begleitet und beim Umzug an den Studienort Tonis geholfen. «Ich bin aber am Abend wieder da, weil ich da ins Konzert will, zu Hans Söllner.»

Der Vater kannte Söllner natürlich auch, samt dessen Vorliebe für die aromatischen Kräuter, die Paul so übertrieben genossen hatte, dass er den ersten Anlauf zum Abitur versemmelt hat. Und der zweite Anlauf, der war zwar schon lange gestartet und Paul diesmal wirklich gut im Rennen, aber eben noch nicht abgeschlossen, «mhmm», sagte der Vater.

«Ruhig, Schimmel, ruhig», sagte Paul, «ich will das Konzert hören, ich will Spaß haben, aber alles ohne Spaßverstärker, keine Sorge.»

Und dann sind die zwei nach Cottbus gereist, Paul saß am Steuer des Mietwagens. Warum auch nicht? Den Führerschein hat er ja schon eine geraume Zeit, auch Fahrpraxis. «Wir sind gegen sechs wieder da», hat Paul gesagt, rechtzeitig fürs Konzert.

Um fünf klingelte beim Vater das Handy. «Du, Papa, wir wollten gerade hier vom Hof fahren, und jetzt haben wir vorne rechts einen Platten.»

«Werdet ihr wohl in irgendwas reingefahren sein.»

«Ja, und jetzt?»

«Wie und jetzt?»

«Was sollen wir jetzt tun?»

«Nee, ne», sagte der Vater.

«Wie nee, ne», sagte Paul.

«Paul, du stehst mitten in der Reifeprüfung», der
Vater klang eventuell ein wenig genervt, «die heißt
Reifeprüfung, weil du dabei deine Reife nachweisen
sollst.»

«Ja, ja», sagte Paul, «sehr witzig, ungemein witzig. Und
was hilft mir das jetzt? Mit Homer komme ich im Moment auch nicht weiter.»

«Aber vielleicht mit Nachdenken», sagte der Vater.

«Papa, jetzt sag halt, was sollen wir machen? Wir stehen
hier in Cottbus, ich will zum Konzert, und der Reifen ist
platt.»

«Zwei Möglichkeiten, entweder wirfst du dir das Auto
jetzt über die Schulter und fährst mit dem Zug ...»

«O mhngmanney», sagte Paul.

«... ich würde es allerdings mit einem Reifenwechsel versuchen.»

«Das Auto hat keinen Ersatzreifen», sagte Paul.

«Paul», sagte der Vater, «mit Sicherheit hat auch dieses
Auto einen Ersatzreifen. Der ist meistens im Koffer-
raum unter dem Boden. An manchen Autos ist er aber
auch hinten am Wagen angebracht. Weißt du, das ist
so ein rundes Teil und sieht aus wie der Reifen, den ihr
platt gemacht habt. Nur aufgepumpt.»

«Och, was habe ich gelacht», sagte Paul. Dann legte er auf.
Ein paar Minuten später klingelte wieder das Handy des
Vaters.

«Nee, ne», sagte der Vater, «der Ersatzreifen ist nicht aufgepumpt?»

«Doch, doch, wir haben ihn gefunden.»

«Bravo, eine detektivische Meisterleistung.»

«Und jetzt?», fragte Paul.

«Paul, ich glaube es nicht», sagte der Vater, «da stehen jetzt zwei junge Männer in Cottbus, beide weit über zwanzig Jahre alt, sie sind im Vollbesitz ihrer geistigen und körperlichen Fähigkeiten, und ich muss euch von hier aus Anweisungen geben, wie ihr die technisch und handwerklich ungemein schwierige Aufgabe eines Reifenwechsels bewältigt? Ich glaube es nicht. Ich würde damit beginnen, einen Wagenheber zu suchen.»

«Und wo ist der?», fragte Paul.

Der Vater legte auf. Ein paar Minuten später klingelte wieder das Handy des Vaters. «Na super», sagte Paul, «da braucht man dich mal, und du legst auf. Toni hat seinen Vater angerufen, jetzt haben wir den Wagenheber.»

«Und Tonis Vater hat nicht gefragt, ob er vielleicht noch die Lätzchen rauslegen soll fürs Abendessen?»

«Ha, ha», sagte Paul. Nach einer halben Stunde rief er wieder an. «Wir haben es jetzt.»

«Doch schon», sagte der Vater, «Postpubertisten und Technik.»

«Wir fahren jetzt los.»

«Auf drei oder vier Rädern?»

Es war ein lauer Abend. Der Vater saß in einem Straßencafé, genoss die Zeit, die Luft. Es klingelte das Handy. Paul war dran, Paul sagte, dass sie wieder in Berlin seien.

«Schön», sagte der Vater, «dann viel Spaß bei Söllner.»

«Ähm, mhmm, Papa, da gibt es jetzt ein Problem.»

«Ihr habt keinen Ersatzreifen mehr, stimmt's?»

«Auto ist schon weg, aber die Karte fürs Konzert ..., wo bist du gerade?»

«Was ist mit der Karte?» Der Vater ahnte, was kommt,

«nee, ne, Paul, ich habe frei, ich sitze im Freien, ich ge-
nieße meine Freizeit.»

«Ähm, mhmm, Papa, die Karte liegt bei mir auf dem
Schreibtisch.»

«Und jetzt findest du sie nicht mehr in deiner Ordnung.»

«Doch, doch, ich sehe sie vor meinem geistigen Auge.
Aber ich bin ja noch unterwegs, am anderen Ende der
Stadt, und wenn ich jetzt erst nach Hause muss, um die
Karte zu holen, dann schaffe ich es nicht mehr rechtzeitig zum Konzert. Und, äh, mhmm, könntest du nicht
schnell nach Hause laufen, die Karte holen, dich dann
in die S-Bahn setzen, du musst aber nicht zur Konzert-
halle kommen, es reicht, wenn wir uns am Bahnhof
Zoo treffen, und dann gibst du mir die Karte, und ich
komme rechtzeitig zu Söllner.»

«Das ist jetzt nicht dein Ernst, Paul», sagte der Vater, «weil
ihr zu blöd seid, einen Reifen zu wechseln, muss ich jetzt
meinen Abendplan umwerfen und durch die halbe Stadt
hetzen?»

«Ich spüle auch morgen.»

«Der Preis ist höher.»

Dann stand der Vater auf dem Bahnsteig. Er übergab Paul
das Konzertticket. «Was schaust du so grimmig», sagte
Paul, «sei doch froh, wenn der Postpubertist den Vater
manchmal noch braucht.»

«Benutzt», sagte der Vater.

ERZIEHUNGSAUFTRAG BEENDET

Vor dem finalen Ball hat sich Paul einen Anzug zugelegt.
Einen bräunlichen, wie der Vater sagt. Einen gräulichen,
wie Paul sagt. Aber egal. Als Paul das erste Mal mit dem
neuen Dress um die Ecke kam, musste der Vater schon
ein wenig grinsen. Paul im Anzug, das kontrastiert doch
stark zu Paul mit Dreadlocks, zu Paul mit Parka und zu
Paul, dem Kiffer.
«Na, guten Geschäftsabschluss gemacht?», fragte der Vater.
«Blödmann», sagte Paul.
«Lass mal», sagte der Vater, «sieht ganz schmuck aus. Nur
die Schuhe ...»
«... was soll mit den Schuhen sein?», fragte Paul.
«Sind das Skier?»
«Ha, ha, sehr witzig mal wieder, der Herr Vater.»
«Aber lang sind sie schon.»
«Ich kann es nicht leugnen», sagte Paul.
«Paul», sagte der Vater, «und wenn es das Letzte ist, was
ich dir auf den Lebensweg mitgeben kann, wer Schuh-
größe sechsundvierzig hat, und das haben wir ja beide,
sollte sich keine spitz zulaufenden Schuhe zulegen.»
«Ich werde den Dress exakt zweimal anziehen», sagte

Paul, «heute Abend zu einer Dress-to-impress-Party und dann beim Ball.»

Die Jugend ist irgendwie formalistisch geworden, dachte der Vater, Dress-to-impress-Party, holla. «Ich habe noch eine rote Fliege», sagte der Vater, «und ich müsste auch ein, zwei Krawatten haben.»

«Das wäre dann doch ein wenig viel Eindruck», sagte Paul.

«Und wer kommt mit zum Ball?», fragte der Vater.

«Na, du kommst, und Mama wird auch kommen, und vielleicht kommt noch Moni.»

Kürzlich war Moni mal wieder zu Besuch. Der Vater saß am Schreibtisch und arbeitete, da sagte Moni: «Ah, Papa-Paul ist auch zu Hause», und das war nichts, was der Vater irgendwie despektierlich fand, eher etwas, was er wohl demnächst vermissen wird, wenn Paul dann weg ist und mit ihm seine Mitpostpubertisten und Mitpostpubertistinnen.

Paul hatte vor dem Ball aber noch ein Anliegen. «Du, Papa», begann er seinen Vortrag, «es heißt doch immer, du seiest ein so begnadeter Tänzer.»

«Tja», sagte der Vater, «dann wird es wohl stimmen.»

«Habe ich im Laufe meines schon langen Lebens immer wieder gehört ...», sagte Paul.

«Wie gesagt», sagte der Vater, «dann wird es wohl stimmen.»

«Ja, also dann ...», sagte Paul, «dann kannst du mir doch bestimmt bis zum Ball Tanzen beibringen.»

Um ehrlich zu sein, cool war der Vater in dem Moment nicht, eher nahe am Wasser. Als er selbst noch Post-

pubertist war, gab es zum Schulende, am Tag vor den
großen Ferien, in den Tanzschulen stets Partys, die
hießen Schulmappen-Feten oder so ähnlich. Und da ist
er dann mit seinen Doppelkopffreunden hin, und das
waren die einzigen Male, zu denen er eine Tanzschule
betreten hatte. Anwesend waren da also die ausgebildeten Tänzer und die nicht ausgebildeten Tänzer, und
wer wen mehr verachtete, kann der Vater heute nicht
mehr sagen. Auch nicht, wer mehr Erfolg hatte – die
mit schulmäßigem Tanz oder die mit unbotmäßigem
Tanz.

«Anne, Helene, Luise», sagte Paul.

«Es muss auch eine Entwicklung geben zwischen Vater
und Sohn», sagte der Vater.

«Genau, deswegen will ich Tanzen lernen, und da du ja
ein begnadeter Tänzer sein sollst ...»

«... bin», sagte der Vater, «Rhythmus und Leidenschaft
pur, aber Schrittfolgen, die kann ich nicht.»

«Mhmm», sagte Paul.

«Foxtrott, Quickstepp, Standard, nein, kann ich nicht.»

«Walzer?»

«Walzer ja, Walzer ist leicht, aber dabei trete ich dir nur
auf die Ski.»

«Das wird wehtun mit den Stelzen», sagte Paul.

«Stelzen?», fragte der Vater.

«Na ja, wenn du mir Tanzen beibringen willst, dann geht
das ja nur mit Stelzen.»

«Phh», sagte der Vater erst. Und dann sagte er noch:

«Nein, nein, Paul, es ist wohl langsam Zeit, dass du alleine tanzt.»

«Das meinst du jetzt im übertragenen Sinne, nicht wahr.»

Und dann war Paul in sein Zimmer gegangen, hatte sich seinen neuen Anzug angezogen, die Ski untergeschnallt und war in die Nacht zur Dress-to-impress-Party gegangen. Der Vater war allein in der Küche geblieben, hatte noch abgespült, weil Paul den Tag über gerade keine Zeit gehabt hat. Ist vielleicht ganz gut, dachte der Vater, so kann ich mich schon mal an die Zeit gewöhnen, wenn Paul alleine tanzt und außer Haus ist. Und dann, was wird dann mit mir, dachte der Vater. Ein Zimmer mehr wird er haben, was sicher ganz schön ist. Andererseits wird er ein Zimmer mehr putzen müssen, Pauls muss allerdings sowieso erst einmal von Grund auf saniert werden.

Doch, doch, Paul wird schon ab und an mal zu Besuch kommen, da ist sich der Vater sehr sicher. Wie man E-Mails schreibt, weiß der Vater inzwischen, dafür braucht er Paul nicht mehr. Und insgesamt, denkt der Vater, wird er wohl weniger mitbekommen, was Paul so treibt, der wird und soll ja nun alleine tanzen. Doch, doch, er wird tanzen, der Bub, da ist sich der Vater ganz sicher. Doch, doch, denkt der Vater, das haben wir ganz gut hingekriegt.

Ha, denkt der Vater, und das Beste (bevor er jetzt nur noch sentimental wird): Wir haben überlebt, die Pubertät und die Postpubertät, war aber nicht immer leicht. Ha, und dann fällt dem Vater noch etwas ein, und er jubelt dabei fast: Der Vater kann wieder ich sagen. Ich, Papa-Paul.

Die Tür geht auf, Paul kommt noch einmal herein.

«Und, was vergessen?», frage ich.

«Nö», sagt Paul, «ich wollte nur wissen, ob alles klar ist.»

«Wunderbar», sage ich, «wunderbar, viel Spaß noch, Paul.»